U0136177

臺灣鄉土與宗教研究叢刊

臺灣的喪葬法事

——以花蓮縣閩南釋教系統之冥路法事為例

楊士賢 著

蘭臺出版社

臺灣鄉土與宗教研究叢書總序

李世偉（花蓮教育大學鄉土文化系副教授）

　　人類對於鄉土的感情是原生性的，毋庸刻意學習與培養，自然而成。鄉土既是生命情懷之託，也是知識啟蒙之端，因此古云「君自故鄉來，應知故鄉事」，那是一種每個人最熟悉的生命經歷，而所謂「以鄉之物教萬民」則當是傳統社會的自然及社會教育了。

　　解嚴以來，隨著政治改革的民主化與本土化的潮流，臺灣鄉土教育與文化日益受到重視，最初由部分知識分子與地方政府草根式的推動，由下而上地顛覆中央政府過去以中國大陸為中心的教育政策，鄉土教育成為體制內所認可的重點。影響所及，教育部也制定了系列的鄉土歷史文化教學活動，在國中小次第開展；此外，各種的鄉土文化藝術活動受到極大的重視與鼓勵，地方文史工作室紛然而立，一時之間，臺灣各地充滿著濃厚的「鄉土熱」。

　　然而，鄉土熱的風潮未必能帶來相對的研究成果與水平，這除了鄉土研究的時間尚短，相關的問題意識、文獻積累、研究方法、研究視野等尚未充分且深入的開展外，意識型態的干擾、媚俗跟風者眾，也是關鍵因素。這使得表面上鄉土文化的論著充斥書肆，研究資源也易於取得，但研究水平難有實質上的提昇。這樣的反差是頗令人感慨的，因此有了出版這套「臺灣鄉土與宗教研究叢書」之構想。鄉土文化研究以民間宗教信仰作為切入點，自然是著眼於臺灣漢人移民社會的特質而發，從移民之初至今，民間宗教信仰作為族群認同、社區凝聚、經濟生產、常民生活、精神文化等作用，已是我們所熟知的課題，因此作為叢書論述的

主軸。

這套「臺灣鄉土與宗教研究叢書」首先推出七本佳著，分別是周政賢《臺灣民間地基主的信仰》、陳桂蘭《臺灣民宅的辟邪物》、施晶琳《臺灣的金銀紙錢》、楊士賢《臺灣的喪葬法事》、陳瑤蒨《臺灣的地獄司法神》、邱秀英《花蓮地區客家信仰的轉變》、許宇承《臺灣民間信仰的五營兵將》。這些論著均為作者的學位論文改寫而成，雖然他們都是學界新秀，識者不多，舞文弄墨的身段也未必老練。但熟悉學界之生態者多知，許多人一旦擠身教授之流後，或困於教學、行政之壓力，或疏於己身之怠惰，或安於升等後之既得位階，要再期待有佳作問世，便如大旱之望雲霓也。相對的，若是研究生能潛心專志、奮力相搏，反而能有驚艷之作。毋庸誇誇之言，這七部書都是內容紮實的精彩作品，文獻資料詳實可徵，作者們也都作了大量的田野調查，為我們提供第一手的觀察與論證，圖像資料亦相當可貴，具有極高之參考價值。當然，更重要的是，作者所探討的主題均為漢人民間社會中極重要，卻較少被有系統性的處理者，因此益顯彌足可貴，有心之讀者可以細加體會。

臺灣蘊藏的鄉土文化極為豐富，這次首推的叢書，其主題雖多與宗教信仰相關，但我們希望能夠再發崛其它的主題論著，也期許有更多的人投入其中。這套叢書能順利出版，感謝蘭臺出版社的盧瑞琴小姐與郝冠儒先生的支持，要在利潤微薄的出版市場上作這樣投入，是需要一點冒險與勇氣的。另外老友王見川從旁的一些協助與意見，亦一併致謝。是為序。

自 序

　　嚴格說來，這篇自序我並不想多說什麼，只想把它當成謝誌來處理，向曾經協助過我的人由衷地說聲謝謝！

　　首先，我要感謝喬健教授和游宗蓉助理教授的指導，及家人對我長久以來的支持與付出。

　　其次，花蓮市開盛壇楊正雄先生、楊竑偉（仲祐）先生、開妙壇（福德一街）簡國禎先生、開妙壇（十六股）林國興先生、開瑞壇黃清山先生、黃林豐先生、慈皇佛堂黃崇鵬先生、吉安鄉瑞靉壇黃朝明先生、道達壇彭玉錦先生、彭泓治先生、壽豐鄉慈明壇魏福慶先生、鳳林鎮萬盛壇陳紹洋先生、光復鄉廣盛壇彭萬生先生、瑞穗鄉瑞靉壇黃昌岩先生、玉里鎮瑞德壇程清泉先生、程國賓先生、瑞玉壇游美珠女士、萬芳佛壇蘇庭風先生、陳鳳嬌女士、蘇正和先生、蘇正順先生、廣瑞壇賴興進先生、賴世發先生、臺東市慈明壇楊仁慶先生、貢寮鄉開瑞壇蘇大真先生、盛瑞壇周曜棋先生，以及陳文達先生、劉金聰先生、呂德根先生、朱茂興先生、蔡英蘭女士、邱美淑女士、黃昌溫先生、朱仁森先生、張德安先生、魏福男先生、黃朝芬先生、賴興財先生、賴興寶先生、賴世民先生、賴世龍先生、賴世融先生、曾興康先生、曾偉峰先生、曾偉洵先生等釋教先進，在我從事田野調查時無私地提供所學，並盛情款待的隆恩厚誼，我實在不知該如何回報，故只能利用這自序的短短篇幅，來向你們表達我內心的無限謝意！因為有

各位的鼎力協助，我的研究方可順利進行，而本書也才能圓滿告成。

再來，花蓮市慶遠壇林建璋先生、李秀琴女士、花蓮市美綺數位影像楊麗盆女士、洪照能先生、吉安鄉慶恩壇吳崇渠先生、蘇秋香女士，和林道境先生、莊正輝先生、徐秀花女士、林鴻良先生、莊雅玲小姐，多年來，你們對我的照顧，我都點滴牢記在心，由於有你們的關懷，使我在負笈洄瀾的日子裡有了家的感覺。

接著，我也要感謝臺中縣清水鎮高美奉安宮林蓮吉先生，雖然我們分隔兩地，無法常常見面，但您仍不時對我加油勉勵，讓我充滿信心及鬥志，以最佳的精神狀態來克服一切困難。

另外，我要謝謝沛儒和小輪子，你們給了我無數的歡笑，更因為有你們的陪伴，使我在研究的路上走的不孤單。

最後，還要感謝李世偉副教授的引荐，和蘭臺出版社全體編輯人員的校編，讓本書能以最完美的面貌「誕生」問市。

當然，對於此時正在閱讀著這篇自序的您，我也要致上謝意，感謝您願意撥空細覽本書，以最真誠的實際行動來見證我的研究成果，謝謝您！

目　次

第一章

緒論

第一節　研究動機與目的

　　「死亡」是人生的休止符，一個人無論生前是富是貴，是貧是賤，最終皆須步上這必經的道路，所以「死亡」可說是老天爺最公平的一項安排。正所謂「三寸氣在千般雄，一旦無常萬事休」[1]，而「死亡」是生命的結束，也代表了人生一切事物的完結，所以人畏懼死亡，深怕自我主演的這齣「生命連續劇」，有一天播出到「最後一集」。又因為對死亡有所畏懼，故世界上的各民族在面對與處理人的「身後大事」時，皆衍生出諸多禮節、儀式及禁忌，一來藉由這些繁瑣的制式程序，讓亡者好好走完人生的最後一段路，二來則是透過這些儀節規範，消弭人們對死亡的恐懼感，使已被打亂的生活能盡速回歸正軌。因此「死亡」不單單是一個生命的結束，其背後更有深層的文化意涵存在，值得最後都必須面臨「死亡」的我們，好好去探索與細究。

　　臺灣人在處理喪葬事宜時，亦有一套極為龐雜的繁文縟節，且三、四百年來一直持續擴充發展，並深深影響著居住在這塊島嶼上的每位子民。而臺灣人慣行的喪事流程中，「做功德」（亦稱「做功果」）是其中的一項重要步驟，所謂的「做功德」係指亡者子孫延聘僧道啟建拔渡法事，藉由誦唸經懺與展演科儀的方式，消解亡者生前所積累的罪愆，助其超昇極樂淨土。因「做功德」的最終目的，對亡者而言有著深遠的非凡意義，故喪家的孝

---

[1] 此為臺灣民間常用之勸亡文句，意謂人只要尚存一口氣（三寸氣在），即可做出千般偉大的事業（千般雄），但萬一不幸亡故（一旦無常），則一切的豐功偉業皆必須休止（萬事休）。

眷人等，甚至是亡者的親朋好友，皆極注重此一法事的舉行，也成了臺灣人對喪事最顯著的印象之一。

　　事實上，「做功德」之風俗在臺灣流傳已久，清代纂修的地方志書即有相關之記載，如成書於清康熙五十六年（西元一七一七年）的《諸羅縣志》：

　　　　喪必延僧作道場，雖極貧必開冥路，七七盡而除靈。[2]

清康熙五十九年（西元一七二〇年）的《臺灣縣志》：

　　　　俗多信佛，延僧道，設齋供，誦經數日，弄鐃破地獄，云
　　　　為死者作福。[3]

清乾隆七年（西元一七四二年）的《重修福建臺灣府志》：

　　　　俗多信佛，設靈後，必延僧設道場，名曰「開冥路」。五
　　　　旬，再延僧道禮懺，焚金銀楮錢，名曰「還庫錢」；或二
　　　　畫夜、三畫夜，打地獄、弄鐃鈸普度，名曰「做功果」。
　　　　[4]

清乾隆二十九年（西元一七六四年）的《重修鳳山縣志》：

---

[2]　清周鍾瑄主修《諸羅縣志》，頁 144，臺北市：宗青圖書出版公司，
　　　1995 年初版。

[3]　清陳文達編纂《臺灣縣志》，頁 55，南投市：臺灣省文獻委員會，1993
　　　年初版。

[4]　清劉良璧纂輯《重修福建臺灣府志》，頁 94~95，臺北市：宗青圖書
　　　出版公司，1995 年初版。

設靈後，延僧道誦經，云為死者開冥路；五旬，再延僧禮懺，名曰做功果。[5]

清光緒二十年（西元一八九四年）的《雲林縣采訪冊》：

> 臨喪，不論貧富，俗好延僧道誦經禮懺，鼓樂弄鐃；一人登壇者曰開冥路，三人登壇者曰大冥路，五人登壇者則曰午夜，蓋自午至夜相繼不絕也。又有做一朝者，俗名功德或名功果，則先一夜排場；次日經懺既畢，普渡孤魂，如七月盂蘭會，須附近親友備牲禮等物助之；祭畢，仍將原物送還親友，喪家須費數百金。[6]

日據時期，亦有不少專研臺灣風俗的書籍中，載錄有關「做功德」之記述，如片岡巖《臺灣風俗誌》：

> 每七日及每月初一、十五日，請僧侶或道士讀經拜祭，又有人請「食菜人」來讀經，這稱「做功德」。做功德時僧道等讀經奏樂並表演弄鐃鈸、轉迴皿等節目，最後散布餅及錢。這稱「弄大鐃」，是慰死者靈魂的儀式。[7]

---

[5] 清王瑛曾編纂《重修鳳山縣志》，頁 53，南投市：臺灣省文獻委員會，1993 年初版。

[6] 清倪贊元纂輯《雲林縣采訪冊》，頁 25，臺北市：宗青圖書出版公司，1995 年初版。

[7] 片岡巖著，陳金田譯《臺灣風俗誌》，頁 32~33，臺北市：眾文圖書

鈴木清一郎《臺灣舊慣習俗信仰》：

> 所謂「做功德」，就是子孫以死者之名施行功德，藉以為
> 死者贖罪業，方法就是請烏頭司公來（道士）超渡和供祭
> 祀以及做法事。在「做功德」期間，就像在「做旬」時一
> 樣，要請和尚和道士唸經，儀式比「做旬」還要複雜隆重。
> [8]

由此可知，自清初起始，「做功德」即為臺地喪葬程序中的重要
一環，就算政權易主的日據時期，臺灣人對於「做功德」這項風
俗的堅持，依舊不曾改變，因此「做功德」可謂是臺灣喪葬儀節
中源遠流長的一項傳統。

　　誠如前人文獻之記載，臺灣人慣聘僧道前來主持「做功德」
的法事，若單究字面意義解釋，「僧」係指「僧侶」（和尚），
「道」即指「道士」，一佛一道，互表兩種不同類型的神職人員。
但根據實地的田野調查所見，臺灣尚有一種介於僧侶和道士之間
的神職人員，長期主導了普羅百姓的人生濟渡大事，這群活躍於
民間的宗教人士，將其自屬的教派稱之為「釋教」，而此團體內
的從業人員亦隨之名為「釋教法師」。事實上，釋教係以佛教為
主體，另兼容道教與民間信仰，是一支頗具自我特色的教團組
織，且分佈於臺灣半數以上的縣市，成為陪伴眾多臺灣人走完人
生最後一段路的重要角色。雖然釋教深植臺灣民間，可是由於釋

股份有限公司，1996年二版。
[8] 鈴木清一郎著，馮作民譯《臺灣舊慣習俗信仰》，頁 337，臺北市：
眾文圖書股份有限公司，1989年一版。

教含括佛、道二教和民間信仰，故屬性極為模糊，亦使得一般人對釋教似懂非懂，甚至視其為不佛不道的怪力亂神教派，進而產生諸多有關釋教的錯誤認知。

縱然釋教的宗教屬性有不可避免的模糊地帶，但細觀由釋教法師所主持的喪葬拔渡法事，其中的內容與程序，卻有著獨到的巧思及安排，具體充實了「做功德」的真切意義。又為了完成拔渡儀式、調節哀傷氣氛或宣揚教化思想等種種目的，釋教法師遂運用「儀式戲劇」的表演手法，配合大量的口白和唱詞，以豐富原本悲悽單調的喪葬場合，更締結出多采多姿的文化面向。這些歸屬在臺灣民間祭儀中的常民資產，礙於其出現的時機和環境特殊，以及國人因懼怕死亡與深信禁忌，進而認為喪葬場合帶有「穢氣」的不正常心理影響，使得如此豐美的文化寶藏，長期受到漠視，令人感到甚為可惜，卻也極度無奈。筆者因對於臺灣固有之傳統風俗有著濃厚的研究興趣，且在負笈洄瀾近七年的光陰裡，結識眾多釋教前輩，又承蒙他們的不吝賜教和指導，所以對釋教喪葬拔渡法事有粗淺的認識，因而萌生欲探究此一民間祭儀概況及其儀式戲劇的動機，並逐步鋪寫成本論文。基於上述之研究動機，故本論文欲以花蓮縣之釋教喪葬拔渡法事中所採集到之科儀本、儀式戲劇文本、口白錄音、田野訪談記錄等資料，探討臺灣釋教喪葬拔渡法事及其儀式戲劇，分析它們所傳達出的宗教特質、教化意義、娛樂功能，並試圖從中為這些民間祭儀重新進行定位。

第二節　相關研究文獻評述

因釋教向來較不受人們所熟知，縱然目前有不少關於臺灣民

間祭儀或喪葬文化之學位論文及專書出現，可是以釋教為主題而進行研究的專著卻相當貧乏，使得本論文在蒐羅前人之相關研究文獻時，有著一定程度的困難性存在。目前以「釋教」為研究主題而撰述的學位論文僅有兩本，即邱宜玲的《臺灣北部釋教的儀式與音樂》（國立臺灣師範大學音樂學研究所碩士論文，指導教授呂錘寬，1995 年）和林怡吟的《臺灣北部釋教儀式之南曲研究》（國立臺北藝術大學音樂學系研究所碩士論文，指導教授呂錘寬，2003 年），兩本論文皆以探究臺灣北部地區之釋教音樂為主軸。前者可謂是學術界第一本專研釋教音樂的論著，該論文雖偏重於音樂的記錄與分析，但針對臺灣的釋教概況及釋教之儀式，有極為深入的介紹，如釋教傳入臺灣的年代、釋教壇的繁衍、分布和活動、北部地區釋教壇的組織、功德法事的意義、起源及發展、釋教功德法事的種類與內容等種種資料，論文中皆有詳盡的說明。後者則是以釋教儀式中的南曲為研究脈絡，不過因該論文仍以釋教為分析對象，故關於釋教從業人員的生活、職務，和釋教的儀式空間、法事內容均有探討，並對釋教功德法事的壇期安排、規模、程序，以及釋教使用之經懺多所介紹。所以這兩本論文對於筆者在釋教相關資料的認知上，有著極大的幫助。

其餘內容涉及臺灣地區釋教儀節之專著，尚有徐福全的《臺灣民間傳統喪葬儀節研究》（國立臺灣師範大學中國文學研究所博士論文，指導教授周何，1983 年），該書係國內第一本以臺灣民間喪葬習俗為研究對象的學位論文，論文中除了對臺灣閩、粵兩籍住民的喪俗有鉅細靡遺之描述外，亦論及釋教之各類喪葬功德法事，如入木法事、出山功德、做七（旬）法事等，並對其中的儀式意義與流程詳加介紹。徐氏更親自訪問臺北、宜蘭、桃園、苗栗、彰化、南投、雲林、嘉義等地的多位釋教法師，且詳記各

釋教法師之談話，可是該論文在述及釋教功德法事時，卻仍沿襲
日本人所採用之「佛教功德」稱法，僅於援引部分口述資料方才
出現「釋教」一詞，此舉易與正信佛教之功德法事混淆，而讓人
難以分辨。而許鈺佩的《道教儀式放赦之音樂研究》（國立臺灣
師範大學音樂學研究所碩士論文，指導教授呂錘寬，1998 年），
雖以臺灣道教靈寶派喪葬拔渡法事中的放赦科儀為主要研究範
疇，但因該論文以釋教喪葬拔渡法事為其行文之參照，所以對於
臺灣釋教之概況、特色、法師職務、使用經懺、壇場佈置、法事
規模、科儀程序等方面，有著繁簡不一的介紹與描述。鄭志明、
黃進仕合著的《打貓大士—民雄大士爺祭典科儀探討》[9]一書，
乃以嘉義縣民雄鄉中樂村「大士爺廟」一年一度之大士爺祭典[10]
為田野調查對象，針對主持祭典儀式的民雄慈輝壇，於祭典期間
所安排之各項科儀深入探析，可謂是坊間首部有關釋教喜慶法事
的研究專著。雖然該書之內容與釋教的喪葬拔渡法事無關，但作
者於書中詳細介紹釋教的神像捲軸掛圖、人員安排、法器種類、
後場樂器、服裝鞋帽、疏牒文告。故上述三本論著亦協助筆者在
處理釋教的相關資料上，能獲得進一步的認識及瞭解。

　　此外，由於本論文在研究臺灣釋教喪葬拔渡法事之餘，另對
法事中有關「儀式戲劇」之科儀進行探討，筆者為詳實分析科儀
所具備的深層意義，因此多方參考各類相關著作，以求從中蒙獲
啟迪。如郝譽翔《民間目連戲中庶民文化之探討》[11]，係以宗教、

---

[9]　該書係 2000 年由南華大學宗教文化研究中心出版。

[10]　「大士爺祭典」的舉行日期為每年農曆七月二十一、二十二、二十三
　　日三天。

[11]　該書係 1998 年由文史哲出版社出版。

道德、小戲為核心，並運用「大傳統」與「小傳統」的理論，藉此透視中國民間目連戲所表現出的庶民文化，及宗教、道德、小戲如何組成目連戲繁雜多變的樣貌，將堪稱「儀式戲劇」代表之一的「目連戲」，做了極為詳盡的深入剖析。劉禎的《民間戲劇與戲曲史學論》[12]，書中對於目連戲、民間戲劇、中國宗教祭祀戲劇等諸多議題皆有論述，並逐一探尋這些劇種的特色、意義和研究概況。容世誠《戲曲人類學初探》[13]，乃透過實地採集的田野調查資料，來討論中國儀式戲劇的性質與模式，且重組儀式、劇場、社群三者間於傳統民間所存在的相互關係，更針對表演場合、演劇意義、宗教儀式、故事母題、社群區域等環節進行觀察。以上述及之論著，均在筆者從事本論文之研究過程中，發揮了深淺不一的協助作用，也提供了筆者在處理論題時的多重面向，使本論文的內容能更為紮實。

　　在單篇論文部分，王天麟的〈桃園縣楊梅鎮顯瑞壇拔渡齋儀中的目連戲「打血盆」〉[14]，以客家釋教拔渡法事中的「打血盆」科儀為探討主題，文中詳述「打血盆」之由來、壇場的佈置、儀式的過程及結構，提供筆者觀察「打血盆」科儀的角度，也提示正確記錄科儀的方式。王馗的〈香花佛事—廣東省梅州市的民間超度儀式〉[15]，文中記錄的是大陸廣東省梅州市的民間喪葬拔渡法事，並對香花佛事的壇場、法器、文牒、科儀、唱詞描述詳盡。

---

[12] 該書係 2005 年由國家出版社出版。

[13] 該書係 1997 年由麥田出版股份有限公司出版。

[14] 該論文收錄於《民俗曲藝》第八十六期，頁 51~70，臺北市：財團法人施合鄭民俗文化基金會，1993 年。

[15] 該論文收錄於《民俗曲藝》第一百三十四期，頁 139~214，臺北市：財團法人施合鄭民俗文化基金會，2001 年。

雖然作者以廣東省為田野調查地點，但因當地的香花佛事和臺灣的釋教法事有相當程度上的類似性，又梅州市為客家人聚居的地區，故風俗也與臺灣的客家村庄略同，這也讓筆者能從該論文一窺粵籍原鄉的喪葬拔渡法事，且藉此與臺灣的釋教互為比較。李豐楙的〈臺灣中南部道教拔度儀中目連戲、曲初探〉[16]、〈複合與變革：臺灣道教拔渡儀中的目連戲〉[17]和〈道教齋儀與喪葬禮俗複合的魂魄觀〉[18]，此三篇文章雖以道教的喪葬拔渡法事為研究對象，但前兩篇論文係深入分析臺灣現存之目連戲，並探討目連戲為因應時代而產生的種種變遷，使筆者可以掌握如「目連戲」之類的各項「儀式戲劇」在喪葬拔渡法事中的現況和地位。而後一篇則論述道教在臺灣喪葬儀節中的習俗化現象，以及喪葬儀節中所隱含的魂魄觀，文中的部分精闢觀點，讓筆者在思索釋教法師的角色和功能時，能有更多層面的思考。

第三節　研究範圍與方法

　　由於祖籍（如閩、粵籍或漳、泉籍）、地域（如臺灣北部、中部、南部）等因素的不同，使得臺灣每個地區的釋教科儀皆有些許差異，而根據釋教行內的初步分法，大致可先分為閩南釋教

---

[16] 該論文收錄於《民俗曲藝》第七十七期，頁 89~147，臺北市：財團法人施合鄭民俗文化基金會，1992 年。

[17] 該論文收錄於《民俗曲藝》第九十四、九十五期合訂本，頁 83~116，臺北市：財團法人施合鄭民俗文化基金會，1995 年。

[18] 該論文收錄於李豐楙、朱榮貴主編《儀式、廟會與社區──道教、民間信仰與民間文化》，頁 459~483，臺北市：中央研究院中國文哲研究所籌備處，1996 年初版。

和客家釋教兩大系統，接著閩南釋教系統又可分成北部派（指大臺北地區和桃園縣）、宜蘭派（指宜蘭縣和臺北縣三貂一帶）、中部派（指臺中市、臺中縣、彰化縣、南投縣）、西螺派（指雲林縣西螺鎮和附近鄉鎮）、嘉義派（指嘉義市和嘉義縣的部分鄉鎮）、永定派（原本流行於三貂一帶和桃園縣，但摻雜部分客家釋教的唱腔，不易學習，所以今已漸漸絕跡）。[19]目前臺灣釋教的系統與分派概況，可以下圖所呈現之關係示意：

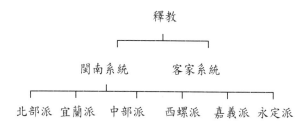

基本上，閩南釋教系統各派的科儀本大同小異，主要的差別僅在少數科儀的程序，以及一些咬字、唱腔、後場樂曲等方面，但因各派皆有特定的聚集地區，遂構成所謂的「行業圈」之經營形態，使得每個釋教派別都固守其所屬之地區，既不會隨便前往他區主持法事，也排斥他區之釋教壇恣意跨越至自己的區內營生。上述之閩南釋教派別各領一方，幾乎含蓋了大半個臺灣，可是東部地區的花蓮、臺東兩縣，因委居邊陲，開發較遲，所以遲至清末，

---

[19] 關於上述閩南釋教系統之各派別分法，乃依照筆者從事本論文田野調查時的訪談記錄資料整理而成。

方有外地漢人抵此拓墾[20]，後又吸引大批臺灣西部人陸續至此開墾，締造臺灣島內最大規模的移墾潮。由於移墾至東部地區的西部人來自臺灣其他的各個縣市，且彼此之祖籍、地域互異，故信仰、風俗也有所不同，為了達到「各取所需」且「互不干擾」的境界，釋教的各派別自然也就順勢到這後山淨土生根，廣設法壇以服務鄉親。經過近百年的發展，東部地區已成臺灣釋教各派的匯聚中心，其中又因花蓮縣閩南、客家族群的居民結構，多以嘉義以北的各縣市移民為主[21]，遵從原居地之風俗，喪葬拔渡法事慣聘釋教法師主持，所以花蓮縣之市場龐大，進而成為東部地區的釋教大本營。

　　有鑑於花蓮縣之釋教壇與釋教法師眾多，又融合臺灣釋教之各大系統及派別，遠非其他僅有單一派別流行之地區可比，極具研究之代表性。又筆者負笈在此多年，常利用閒暇時關注花蓮的

---

[20] 有關清末花蓮地區的漢人拓墾概況，根據《花蓮縣志》記載：清道光五年（西元一八二五年）淡水人吳全、蔡伯玉等自宜蘭募二千八百人來墾，並購得北起木瓜仔，南迄剌仔之地，吳全更於其耕地上築堡自衛，稱為「吳全城」（今花蓮縣壽豐鄉平和村東半部）。咸豐元年（西元一八五一年）臺北人黃阿鳳亦募佃二千二百人，自宜蘭航海來墾，卜居美崙山西北平原，建十六股、三仙河、武暖、沙崙、十八鬮等五村落（今花蓮縣花蓮市國強里一帶）。其餘詳細資料可參見駱香林主修，苗允豐編纂《花蓮縣志》卷五，頁 4~6，花蓮：花蓮縣文獻委員會，1979 年初版。

[21] 關於花蓮縣閩南、客家族群的居民結構與遷移過程，詳細資料可參見吳親恩、張振岳《人文花蓮》，頁 149~184，花蓮：財團法人花蓮洄瀾文教基金會，1995 年初版。吳淑姿主修，康培德編纂《續修花蓮縣志・族群篇》，第三章〈福佬族群〉和第四章〈客家族群〉，花蓮：花蓮縣政府，2005 年初版。

風土人情，並基於地利之便與人際網絡等因素，遂選定花蓮縣為本論文的研究地點。但筆者之才識、能力、時間皆極為有限，故無法顧及所有的釋教系統和派別，僅能先擇選閩南釋教系統為研究對象，且因花蓮縣境內的閩南釋教壇中，以宜蘭派、西螺派與嘉義派為大宗，使得筆者在法事記錄、文本採集、訪談資料等論文之前置作業處理上，亦以上述三派為主要範圍。此外，釋教喪葬拔渡法事有多種不同類型的規模，但以「冥路」為最基本的一種，此種法事規模包含了大部分的重要科儀，且既經濟又省時，所以成為臺灣最常見的喪葬拔渡法事類型。花蓮縣的情況亦然，絕大多數的喪家在舉行拔渡法事時皆慣採「冥路」規模，因此筆者在資料的記錄和蒐集上，同樣也以「冥路」規模的法事為主，故本論文的研究範圍遂限定於花蓮縣閩南釋教之冥路喪葬拔渡法事。

本論文所採用之研究步驟與方法大致如下：（一）田野調查，在本論文研究期間，筆者親自拜訪花蓮縣境內之釋教壇，並針對各釋教法師進行口訪，以瞭解釋教之淵源、發展和現況。此外，筆者又參與縣內近三十場的釋教喪葬拔渡法事（有關本論文所採集之各場法事的詳細資料，可參閱附錄一），且採筆記、拍照、錄音、錄影等方式記錄法事之過程，藉以詳實掌握釋教喪葬拔渡法事之內容。（二）文本蒐集，運用筆者平日與各釋教法師之交誼關係，蒐集本論文研究範圍內之相關科儀本、儀式戲劇文本，並將各喪葬拔渡法事所採集之口白錄音謄寫為逐字稿，此三者為本論文之主要研究文本。（三）文獻閱讀，廣泛閱讀各類文獻，其中包含地方志書、學位論文、書籍期刊等，希望從前人之研究成果中，汲取相關知識與資料，並啟發自己對研究主題之想法及見解。（四）分析整理，為達成期望之研究目的，筆者遂將各研

究文本先行歸納整理，且分析其中所蘊含之意義，接著再配合各
釋教法師的講解，與相關文獻資料的評論敘述，以便探討臺灣釋
教喪葬拔渡法事及其儀式戲劇意義。

第四節　文本架構

　　本論共分八章，第一章〈緒論〉，旨在說明研究動機與目的、
相關研究文獻評述、研究範圍與方法。第二章〈釋教概說〉，主
要先針對「釋教」進行釋名工作，然後再淺述其淵源與臺灣釋教
的歷史、分布、傳承、組織，並說明釋教的法事種類及花蓮縣釋
教現況。第三章〈臺灣釋教喪葬拔渡法事〉，乃介紹各種拔渡法
事的規模和舉行時機，以及釋教的參與人員、樂器、服裝、壇場
佈置，另針對「冥路」規模的喪葬拔渡法事之各項科儀逐一說明。
第四章〈釋教喪葬拔渡法事中「儀式戲劇」科儀之意義及其演法
過程〉，係說明釋教喪葬拔渡法事中，可納入「儀式戲劇」範疇
之打枉死城、打血盆、挑經、過橋這四項科儀的意義與過程。第
五章〈「儀式戲劇」科儀之儀式意義〉、第六章〈「儀式戲劇」
科儀之教化意義〉、第七章〈「儀式戲劇」科儀之娛樂意義〉，
此三章係本論文之研究重心所在，分別析論打枉死城、打血盆、
挑經、過橋此四項「儀式戲劇」科儀，所具備的儀式、教化、娛
樂三面向之實質意義。最後，第八章〈結論〉則為本論文的研究
總結說明。

第二章

釋教概說

第一節　「釋教」釋名及其淵源

一、釋名

上文已言，釋教之宗教屬性頗為複雜，歷來研究者對「釋教」一詞，與「釋教法師」這一神職人員已有所解釋。王天麟〈桃園縣楊梅鎮顯瑞壇拔渡齋儀中的目連戲「打血盆」〉：

> 在桃竹苗的客語區域內，從事建醮或功德法事的從業人員，一般自稱為「釋教」以有別於「佛教」，「沙壇」則是「釋教」科儀書中慣用的道場詞彙，與道教的「道壇」名異而實同。「釋教」的從業人員依莊胡榮福所述，客語稱為「和尚」，頭份廣福壇的吳盛湧則言通常自稱為「緇門僧」，本文從之。民間、學者則有呼為「齋公」或「香花和尚」者，因其屬在家、吃葷又能結婚生子之故。[1]

可知「釋教」有別於「佛教」，「釋教」從業者則亦稱「緇門僧」、「齋公」、「香花和尚」，其特色為在家、吃葷又能結婚生子。邱宜玲《臺灣北部釋教的儀式與音樂》：

> ……「釋教」，乃指執行法事的人員以為喪家做功德為業，

---

[1] 王天麟〈桃園縣楊梅鎮顯瑞壇拔渡齋儀中的目連戲「打血盆」〉，收錄於《民俗曲藝》第八十六期，頁 64，臺北市：財團法人施合鄭民俗文化基金會，1993 年。

伙居，茹葷，法事場合懸掛佛教系統之菩薩神祇圖像，法
事使用香花科儀（或稱「龍華科儀」），唱念以漢語及河
洛語發音，自稱屬「釋教」之具宗教色彩的職業團體。

主持釋教法事之人員對外自稱為「和尚」、「道士」、「做
事的」等，而民間則有「司功」、「道士」、「先生」、
「師父」、「先的」等不同稱呼。[2]

進一步指出「釋教」的壇場乃懸掛佛教系統的神佛捲軸掛圖，其
科儀則使用「龍華科儀」，是個極具宗教色彩的職業團體。鄭志
明、黃進仕《打貓大士—民雄大士爺祭典科儀探討》：

> ……大士爺廟的「蘭盆勝會」，所請來的是被稱為「斧頭」
> 法師的「釋教」系統師父，而主持法師則被稱為「中尊」，
> 此系統不屬於正統佛教，但法師自稱為「緇門僧」，學者
> 則稱其「齋公」或「香花和尚」，這是因為他們可以結婚，
> 平日可以吃葷的緣故，而平日以從事喪葬科儀為主。[3]

明確定義了「釋教」不屬於正統佛教，並指出「釋教」從業者平
時多以負責喪葬拔渡法事為主。鄭榮興《臺灣客家音樂》：

> ……「釋教」的部分，則是承襲在家佛教齋堂系統一脈的

---

[2]　邱宜玲《臺灣北部釋教的儀式與音樂》，頁 1~2，國立臺灣師範大學
　　音樂學研究所碩士論文，1995 年。
[3]　鄭志明、黃進仕《打貓大士—民雄大士爺祭典科儀探討》，頁 75，嘉
　　義大林：南華大學宗教文化研究中心，2000 年初版。

思想，講究所謂的「龍華三寶」，「三寶」指的是「佛、法、僧」，但是，齋法所謂的「僧」並非單指出家眾，還包含民間所謂「香花和尚」的齋法執行人員。被稱為「龍華會」，科儀執行的人稱作「香花（和尚）」或稱「齋公」、「法師」，多半是以一傳一的師徒制，並且因循所屬師承系統排名，而以「某某壇」標誌其傳承。「香花和尚」雖名為和尚，卻是過著一種較為世俗的生活，一如常人可娶妻、生子、茹葷。此系統雖說傾向「釋教」一脈思想，卻也融合不少「道教」的觀念。[4]

說明「釋教」多採師徒制的傳承，且從業者過著世俗的生活，其思想則融合了不少「道教」的觀念。林怡吟《臺灣北部釋教儀式之南曲研究》：

主持釋教法事之人員對外自稱為「在家和尚」、「道士」、「做事的」、「在家修的」等，而民間則有「司公」、「道士」、「先生」、「師父」、「先的」、「做事的」或「某某先」等不同的稱呼。學者稱這些執事人員為「齋公」或「香花和尚」。雖然民間與學者對釋教的執事者有許多不同的稱呼，但他們不喜歡人們稱其為「司公」，認為此稱呼較不禮貌。其身分證上的職業登記欄為「道士」，是職

[4] 鄭榮興《臺灣客家音樂》，頁176，臺中市：晨星出版有限公司，2004年初版。

業的祭司。[5]

及

　　釋教為民間專門為亡故者做超渡儀式的信仰。[6]

列舉「釋教」從業者的諸多稱法，並強調他們為職業的民間祭司，專門為亡者行超渡儀式。呂錘寬《臺灣傳統音樂概論・歌樂篇》：

　　釋教為一種由未皈依佛教的人員所從事的拔亡法事的統稱，儀式主持者過著世俗生活，結有家室，且飲食並無齋戒，至於所從事的儀式仍屬佛教，並禮拜三寶佛以及諸菩薩。由於儀式主持人員的生活背景與皈依齋戒的佛教僧尼不同，為了區別此文化背景，該文化圈乃自稱為釋教。至於見諸文字的文章或論著，也有將此系統的從事人員稱為「香花和尚」，持此說法的依據，乃認為儀式中常有「香花請─香花奉請─」，不過此詞彙仍見於為道教正一派或靈寶派的儀式，並非釋教儀式的獨特現象。民間語確有「hiong¹-hua¹和尚」之說，考察儀式主持者的文化背景，我們認為該語彙的文字化當以「鄉化和尚」較妥當，語音以及詞義都較為接近，且能清楚地區別於「寺院和尚」或「出

[5]　林怡吟《臺灣北部釋教儀式之南曲研究》，頁 4，國立臺北藝術大學音樂學系研究所碩士論文，2003 年。
[6]　同上註，頁 5。

家和尚」。[7]

提出了「釋教」一詞的由來，乃是該文化圈的從業者為了區別自己與出家僧尼的不同，故以「釋教」來自稱。筆者綜合上述之各家說法，可暫時歸結出「釋教」和「釋教法師」之特點，即「釋教」不屬於正信佛教系統之內，且與之有所差別；而「釋教法師」亦非出家眾，為職業性質的民間宗教從業人員，過著伙居的世俗生活，更可娶妻、生子、茹葷，平日以主持喪葬拔渡法事為首要之服務項目。

二、淵源

若要推溯釋教之淵源，筆者認為可追溯至大陸閩、粵一帶的「香花佛事」，因這一系統的神職人員，其崇祀之神祇以佛教的佛祖、菩薩、護法為主，兼奉道教及民間信仰的仙聖，具有佛、道融合的特性。王馗的〈香花佛事─廣東省梅州市的民間超度儀式〉一文曾詳細記錄香花佛事的壇場佈置，其壇場內所懸掛之彩繪圖像即有佛教的三寶佛、普賢菩薩、文殊菩薩、觀世音菩薩、地藏王菩薩、阿難尊者、迦葉尊者、目連尊者等，以及道教的真武大帝、神兵神將等，另外法事中的「發關」科儀亦迎請土地神、河伯、城隍、里社真官等民間信仰的神祇[8]，上述的情形實與臺

---

[7] 呂鍾寬《臺灣傳統音樂概論‧歌樂篇》，頁 324，臺北市：五南圖書出版股份有限公司，2005 年初版。

[8] 王馗〈香花佛事─廣東省梅州市的民間超度儀式〉，收錄於《民俗曲藝》第一百三十四期，頁 139~214，臺北市：財團法人施合鄭民俗文化基金會，2001 年。

灣釋教現況略似。而主持香花佛事的僧尼，依房學嘉在〈梅州的
覡公、香花佛事及其科儀〉一文中的研究指出：

> 香花佛事……做法事時僧尼穿黑衣黑裙，大部分不出家，
> 從業者有男有女，其中不出家者男稱「香花和尚」、「花
> 和尚」、「和尚」，女稱「齋嬤」。他們可隨請隨到下鄉
> 上門服務。[9]

房氏所描述之香花佛事僧尼的概況，其中如不出家、下鄉服務等
特色，臺灣釋教法師亦同於此。況且臺灣的漢人，無論是閩南或
客家，其先祖多自閩、粵兩地渡海移墾，以致臺灣的諸多信仰、
禮俗皆沿襲閩、粵舊制，舉例而言：

> 如漳州人部落多奉祀開漳聖王；泉州之晉江、南安及惠安
> 三邑多奉祀觀音佛祖；泉州之同安縣人多奉祀保生大帝；
> 泉州之安溪縣人多奉祀清水祖師；客家人則多奉祀三山國
> 王。[10]

同理，故筆者認為臺灣的釋教與大陸閩、粵一帶的香花佛事，兩
者間可能有某種程度上的關係存在。又閩、粵地區，從事香花佛
事的神職人員俗稱「香花僧」、「香花和尚」（鄉化和尚），而

[9] 房學嘉〈梅州的覡公、香花佛事及其科儀〉，收錄於鄭志明主編《道
　　教文化的傳播》，頁 143~174，嘉義大林：南華大學宗教文化研究中
　　心，2001 年。
[10] 鍾福山主編《禮儀民俗論述專輯（第四輯）──喪葬禮儀篇》，頁 15，
　　臺北市：內政部，1994 年初版。

臺灣的釋教法師也常自稱為「做香花的」，名稱上亦有混同的情
形，但臺灣民間對這類神職人員則慣稱為「師公」、「師功」、
「司公」、「司功」、「齋公」、「緇門僧」[11]、「和尚仔」（客
家稱法），不過較學術性的稱呼則為「釋教法師」。

　　關於釋教的本源，筆者所訪談過的釋教法師皆異口同聲的直
指佛教，但為釋迦牟尼佛在印度所創之原始佛教，而非後來中國
的叢林制度佛教（正信佛教）。可是若細問釋教科儀法事的真正
起源過程，則眾說紛紜，大致可歸納成閩南與客家兩種傳說。閩
南人流傳的說法是釋教的科儀法事起源於唐朝，相傳當年唐太宗
李世民甫掌天下，一切律法制度尚未明確建立，為了趕快制定條
文以便管理百姓，所以朝中的文官就想了一個妙計，請求李世民
暫時待在寢宮內不要外出，並吩咐侍衛於房門外看守，然後再對
外謊稱皇上病重駕崩，必須舉國治喪。眾文官遂利用治喪期間集
思廣益，編定出適合天下百姓遵循之律法制度與規章，迨一切條
文編擬完妥，再請李世民自行步出寢宮，對外宣告自己只是去遊
地府而已，並非病重亡故，且謊稱在遊地府時，目睹許多生前為
非作歹之人，死後在地府遭受凌虐處罰之慘狀，故呼籲天下百姓
必須行善助人，遵守國家的法律規範，如此一來，死後才能免受
苦難，早登極樂世界。又為推廣及宣導律法政令，朝廷遂聘用未
中舉之文士，將他們分派至各地設立佛壇，藉由主持喪葬拔渡法
事的機會，在誦唸經懺之餘，展演各式科儀，透過淺顯易懂之口
白，講述倫理道德的觀念和各項法律條文內容，以此教化人心，

---

[11] 「緇門僧」的「緇」字係指黑色，而釋教法師所穿著的海青多為黑色，
　　故方有此一稱呼，又依據筆者田野調查所見，西螺派和嘉義派的釋教
　　法師亦常自稱為「緇門僧」。

使眾百姓一心向佛。在陰陽道場與法律規範的雙重配合下，國事之治理果然日漸順利，天下也愈趨太平，中土境內信佛者大增，人們的莊嚴善心也日益顯揚。後來這些下鄉主持法事的文士，為了讓自己與叢林制度佛教的僧侶有所區別，便以崇奉釋迦牟尼佛為由，自稱為「釋教」，並改以世襲或授徒方式，將科儀法事代代相傳下去。為了闡述這段源由，故至今臺灣仍有不少釋教壇在結法壇時，會掛上「自漢朝而開佛事，從唐主以報親恩」的對聯，以資紀念。[12]

　　而客家人所流傳的說法則與閩南人截然不同，根據《客家舊禮俗》一書記載：

> 齋公係削髮出家，住在寺庵裏，著袈裟、食素，唔娶老婆。鄉下禾（即係鄉下的和尚）係住在鄉下，有老婆，平素蓄髮，食葷，著俗人的衫，到做佛事當時正著袈裟戴僧帽，毛鬖結起藏入帽內去，食素菜。照傳說鄉下禾的先師係在庵中做過火頭，抄到齋公的經卷，以後就同人做齋，來騙飯食。[13]

此外，黃榮洛的《臺灣客家民俗文集》中，則提出以下的說法：

> ……佛式葬禮，在葬儀中大家都被要求食齋（素食），才

---

[12] 以上說法係依據筆者訪談花蓮市開盛壇壇主楊竫偉（仲祐）、開妙壇壇主林國興、開瑞壇壇主黃林豐、慈皇佛堂堂主黃崇鵬、玉里鎮瑞德壇壇主程清泉等人之記錄彙整而成。

[13] 張祖基等著《客家舊禮俗》，頁 356，臺北市：眾文圖書股份有限公司，1986 年一版。

是合於孝道。所以在葬儀、葬禮舉行中大家食齋，才是俗稱「做齋仔」，當年「做齋仔」的法師是由僧侶來執事，僧侶大家都知道俗稱「和尚」。時間一久，任何制度的民俗，隨時代不同都有所改變的。據說有一位核齋籠（挑和尚籠）（裝做齋仔用之器物籠）的人，由於長年替人核齋籠聰明的他不知不覺之中，學會了做齋仔的各種程式。於是他自己創作了替人「做齋仔」的不食素的方法，因為做齋仔的法師都是食葷的普通人，在此之後，從此送葬人、稀手人都不需要食齋了，後來連孝子也不必食齋。這是「做齋仔」的演進變化。

又有一說，食葷的「做齋仔」，被稱為「香花齋」，和雖然食齋而可結婚生子的「榮華齋」一般，和原來的「齋公齋」以作分別。因為「香花齋」是由佛式的葬禮「齋公齋」分派出去的一派，當然還是屬於佛教派，法師稱號在原來的「齋公齋」時稱呼「和尚」，到「香花齋」，就加上「仔」字，如「和尚仔」以作分別。[14]

由此可知，客家人早期的喪葬拔渡法事應由正統出家僧侶負責，治喪期間必須人人均吃素食，故客家話稱喪葬拔渡法事為「做齋仔」。後來因故有普通人習得相關程序，並設壇承辦喪葬拔渡法事，仿傚出家僧侶誦唸經懺，且不要求喪家必須吃素。一經推出，

---

[14] 黃榮洛《臺灣客家民俗文集》，頁 162~163，新竹竹北：新竹縣文化局，2000 年初版。

廣受好評，生意應接不暇，遂收徒傳授技藝，使得這種不是出家僧侶所主持的喪葬拔渡法事，在客家社會甚為流行。又為了與出家僧侶有所區別，因此客家人便稱這類的神職人員為「鄉下禾」或「和尚仔」，以免與正信佛教有所混同。

但上述這些說法並無確切之文獻根據，可信度實在不高，充其量只能算是臺灣釋教行業圈中自我流傳的民間野史。若細究釋教之經懺、科儀，可發現釋教法師常誦唸之經懺多同於正信佛教所使用者，例如《慈悲十王妙懺法》、《慈悲三昧水懺法》、《慈悲藥師寶懺》、《大乘金剛般若寶懺》、《金剛科儀寶卷》、《梁皇寶懺》、《佛說阿彌陀佛經》等，所以釋教在某一程度上應沿襲於正信佛教。又釋教在主持喪葬拔渡法事時，如發關、請佛、引魂、沐浴、走赦、還庫等科儀，其唱唸之文句及展演之內容，悉數和齋教[15]龍華派[16]流傳之《龍華科儀》[17]中所載相同，因此

---

[15] 根據片岡巖對「齋教」的定義為：「齋教是佛教的一種。由禪宗的臨濟宗變胎，不出家來守持佛戒，不吃葷，不剃髮，不著法衣信奉佛祖，朝夕讀經為信徒互相祈求冥福」，詳細內容可參見片岡巖著，陳金田譯《臺灣風俗誌》，頁 686，臺北市：眾文圖書股份有限公司，1996年二版。而臺灣地區的齋教則分為龍華派、金幢派、先天教三派，初始皆由中國傳來，詳細內容亦可參見張崑振《臺灣的老齋堂》，頁 16，臺北新店：遠足文化事業有限公司，2004 年初版。

[16] 有關齋教龍華派之歷史，根據張崑振之研究乃源自明代的「羅教」而來，開教初祖為羅因（羅普仁），人稱「羅祖」，二祖為殷繼南（普能），傳至三祖姚文宇（普善）時，龍華派進一步分成三支七派，徒眾三千，尤以江西、浙江、江蘇一帶最盛。詳細內容可參見張崑振《臺灣的老齋堂》，頁 16，臺北新店：遠足文化事業有限公司，2004 年初版。

[17] 《龍華科儀》係齋教龍華派的經典之一，內容分為上卷〈大乘正教佛供寶卷〉和下卷〈大乘正教明宗寶卷〉。

從這個面向可知釋教與齋教龍華派可能有些許關係。而釋教在進行諸多科儀時，亦常恭請三官大帝、天上聖母、城隍尊神、福德正神等非佛教系統的神祇，故釋教應該也受到道教或民間信仰的影響。由此可知，釋教本身所包含之結構分子極為龐雜，佛教、道教和民間信仰皆有融匯其中，並經過長期的「在地化」發展，現已轉化成一種與固有「大傳統」截然不同的特殊「小傳統」文化，但這股小傳統至今仍蓬勃運作，進而締造出臺灣民間祭儀的多元色彩。[18]

---

[18] 有關「大傳統」和「小傳統」的意義與關係，筆者在此引用黃有志、郝譽翔的解釋來說明，首先，黃有志以中國傳統社會的「禮」、「俗」來分析：「一個社群的文化可包括『精緻文化』與『通俗文化』兩類，亦即文化人類學家所說的『大傳統』與『小傳統』兩種類型。以中國傳統社會而言，似可將之分成『禮』與『俗』兩種不同的類型。『禮』文化可比擬為『大傳統』或『精緻文化』；『俗』文化則可比擬成『小傳統』或『通俗文化』。……『禮』文化與『俗文化』並非是對立的，而是相互滲透，互相影響，……也可以說是傳統中國文化的主要精神與內涵」，黃有志《社會變遷與傳統禮俗》，頁 19，臺北市：幼獅文化事業公司，1991 年初版。郝譽翔則進一步對中國社會中「大傳統」和「小傳統」的分野加以說明：「大傳統與小傳統的概念為 R. Redfield 提出，他認為在一文明中，大傳統是屬於『深思的少數人』底，而小傳統則是屬於『不思的多數人』底。日人務臺裡次則把這兩個名詞翻譯作『高次元傳統』和『低次元傳統』，並解釋『高次元傳統』是形成一民族精神的最高目的、最高要求、乃至於人生的最高修養，『低次元傳統』是大眾因襲的風俗習慣；而『高次元傳統』中必有若干思想為『低次元傳統』的指導原理與信念。葉啟政則區分為『核心傳統』與『邊陲傳統』，並解釋二者的差異：『核心傳統』的影響力廣泛且深遠，滲透到社會上的每一個角落，而且持續的時間久遠，譬如中國世代相傳的儒家思想；至於『邊陲傳統』則雖也相傳已久，並且相當廣

第二節　臺灣的釋教

一、歷史

　　釋教究竟何時傳入臺灣，現因文獻無徵，故確切年代已不可考，但清初的地方志書中已有關於釋教喪葬拔渡法事之記載出現，如《諸羅縣志》：

> 設靈後，延僧道誦「藥師經」；云為死者開冥路。五旬，
> 再延僧禮懺打地獄、弄鐃普渡；云為死者資冥福。[19]

雖然上述引文中是記載「僧道」做法事，不過據筆者實地田野調查與參閱前人研究得知，臺灣正統的出家人（僧）雖有負責喪葬拔渡法事，但法事中並不會安排打地獄、弄鐃等科儀，而「藥師經」係屬佛教經典，在道教的喪葬拔渡法事中也不會安排此經懺之誦唸。可是引文提到的誦「藥師經」、打地獄、弄鐃普渡等儀

泛地流傳，但是其所具之象徵意義的統攝力卻相當有限，影響力往往狹圍，也非深遠所以容易萎縮，甚至銷聲匿跡，譬如布袋戲或南管等傳統地方戲曲」，而郝氏又提出其個人見解：「相對於小傳統（或邊陲傳統）的庶民大眾，大傳統（或核心傳統）乃由社會菁英分子所組成，而為經濟、政治、文化的中心，具有指導和統攝小傳統的力量，所以它們並非對立開來的兩個階層。……古典中國的農村社會乃是一個『複合的農村社會』（compound peasant society），係由士人與農夫組成，是一個大傳統與小傳統彼此溝通而形成底文化的社會結構」，郝譽翔《民間目連戲中庶民文化之探討》，頁 7~8，臺北市：文史哲出版社，1998 初版。

[19] 清周鍾瑄主修《諸羅縣志》，頁 143，臺北：宗青圖書出版公司，1995年初版。

式,現今仍皆屬釋教喪葬拔渡法事的科儀項目,故《諸羅縣志》中所謂的「僧道」,應該就是指釋教法師。又《諸羅縣志》成書於清康熙五十六年(西元 1717 年),若該志書之記載無誤,當可推測早於近三百年前,臺灣便已盛行釋教喪葬拔渡法事,同理,亦可估計釋教傳入臺灣之年代,也應該不會遲於此時。臺灣文化源自閩、粵,所以遠在先民移墾之初,基於「養生者不足以當大事,惟送死可以當大事」[20]的傳統禮教觀念,以及現實情況之所需,故身為專業喪葬拔渡從事者的釋教法師,自然而然的也渡海來臺設壇行法,並在臺灣這片新天地上逐漸成長茁壯,經過數百年的歷史演進,此系統已擴展為獨當一面的優勢教派了。

二、分布

　　「道士」是臺灣眾多祭典的主持者,但在歷史及地緣等因素影響下,臺灣的道士分成「正一派」(道法二門)和「靈寶派」兩大團體,前者只負責紅事(即喜慶法事,例如廟宇醮典、祈安禮斗、中元普渡等)或做獅(即醫療法事)[21],分布於基隆市、臺北市、臺北縣、桃園縣、新竹縣、苗栗縣山線、臺中市、臺中縣、彰化縣山線、南投縣、雲林縣二崙、宜蘭縣、花蓮縣等地。

---

[20] 朱熹注《孟子集注》,頁 60,中國上海:上海古籍出版社,1987 年初版。

[21] 俗稱「大補運」或「法場」、「獅場」,其科儀大致有請神、請水、安竈、奏文狀、拋法、敕符、翻土、打天羅地網、轉竹收魂、送陰火、拜天公、過限、謝壇等,有關「做獅」之詳細資料,可參閱許麗玲〈臺灣北部紅頭法師法場補運儀式〉一文,收錄於《民俗曲藝》第一百零五期,頁 1~146,臺北市:財團法人施合鄭民俗文化基金會,1997 年。

後者則是紅事和白事（即喪葬拔渡法事）兼做，分布於臺北縣淡水、新竹市、苗栗縣海線、臺中縣清水、彰化縣海線、南投縣竹山、雲林縣、嘉義市、嘉義縣、臺南市、臺南縣、高雄市、高雄縣、屏東縣、臺東縣、澎湖縣等地。[22]因正一派向來不做白事，故其流行區域內之喪葬拔渡法事轉由釋教負責，李豐楙亦曾提到：

> 由於客籍區域內道教的派別多屬於兼習紅頭法的「道法二門」，並不從事超薦性質的功德場，因而都由在家修的齋教所行使，即所謂的「釋教」或「沙門」的香花和尚，所誦唸的是佛經，服飾也是袈裟及佛冠，音樂則是較接近於閩、粵交界附近的鄉、縣。它在桃、竹、苗及臺中縣、臺北縣市（部分）客屬優佔區，和嘉義、雲林及彰化縣部分存在客籍人士的區域內，至今仍保存有較強韌的釋教超薦的習俗。[23]

---

[22] 有關「正一派」和「靈寶派」的差異與分布地區，係筆者參考呂錘寬《臺灣的道教儀式與音樂》，臺北市：學藝出版社，1994 年初版、蔡相煇、吳永猛合著《臺灣民間信仰》，臺北蘆洲：國立空中大學，2001年初版、李豐楙、謝聰輝合著《臺灣齋醮》，臺北市：國立傳統藝術中心籌備處，2001 年初版、吳永猛、謝聰輝合著《臺灣民間信仰儀式》，臺北蘆洲：國立空中大學，2005 年初版等書之論述資料彙整而成。

[23] 李豐楙〈道教齋儀與喪葬禮俗複合的魂魄觀〉，收錄於李豐楙、朱榮貴主編《儀式、廟會與社區─道教、民間信仰與民間文化》，頁459~483，臺北市：中央研究院中國文哲研究所籌備處，1996 年初版。

關於臺灣道教正一派、靈寶派與釋教之間的分工關係如下：

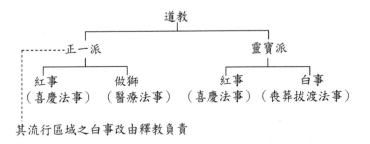

又基於「市場機制」的考量，使得釋教在臺灣的分布也大致與正
一派流行區域重疊。不過少數靈寶派流行區域，如嘉義市、嘉義
縣、臺東縣等縣市，由於部分鄉鎮地處正一派和靈寶派之交界位
置，故境內亦有一些釋教壇存在。[24]

三、傳承

在臺灣，釋教法師的傳承如同其他各項古老行業般，慣採父
傳子之世襲制度，或拜師學藝的傳受模式，藉此延續法脈。一般
而言，臺灣各地歷史悠久的釋教壇，其法脈多傳承自大陸祖籍
地，或是習自遠從大陸來臺的釋教法師（即俗稱的「唐山師父」）。
又因釋教慣採秘傳制度，故透過拜師學藝而習得釋教科儀者，多

[24] 此一說法乃根據筆者訪談臺東市慈明壇楊仁慶法師所得，楊法師曾與
父兄於嘉義市開設釋教壇，他表示釋教和道教靈寶派在嘉義市約各佔
一半的喪葬拔渡法事市場，而嘉義縣則是海線做道教靈寶派，山線做
釋教。後來楊法師又遷至臺東市設壇，依照他多年的開壇經驗得知，
臺東縣境內的喪葬拔渡法事係以臺東市為界，以北的鄉鎮多做釋教，
以南的鄉鎮則多做道教靈寶派。

數皆與某釋教法師有親戚、朋友關係，或經有力人士之介紹、保
舉，方可入此傳統神職行業，一窺其不為人知的堂奧。綜合諸多
釋教法師回憶自身習藝之經過，其大致流程多為一開始先立「拜
師帖」（或稱「拜帖」、「拜師契」），此乃證盟師徒關係的重
要文件，必須在祖本宗師與同行道友的見證下，由師徒雙方共同
立定，凡拜師帖一立，則師徒關係立刻生效，今生今世師徒恪遵
互敬互愛之理，力傳法脈，光大壇門。接著，師父會先教授經懺
的內容及意義，並指導誦唸方式與發音，且依個人的音樂天份，
適度傳授後場樂器之使用法則。通常甫入壇門的初學者，除非本
身有北管子弟的底子，否則多從最簡單的敲打鑼鈸學起，迨音節
和拍子能精準地掌握後，才進一步去學習打鼓、吹嗩吶等較具難
度的樂器伴奏。基本上，要等到熟背經懺之文句後，師父才會再
教導各項科儀的動作、關目，並藉由每一次的法事機會，讓學藝
者實際下場演練，再從中發現不足之處，逐一修正改進，使每項
科儀的展演都達到熟能生巧，精益求精的完美境界。

　　當學藝者在師門習畢各項經懺、科儀，雖已達可自行開壇的
實力，但仍需經過一場俗稱「開香」（亦有稱「開普」）的儀式
認定後，方能真正「畢業」，也才具自我謀生的資格。此「開香」
儀式其實乃一般之普渡法事，但為釋教法門中規模最大的「瑜珈
燄口」，主要因「瑜珈燄口」之經句、唱誦為眾科儀中最深奧者，
且法事展演時更要配合諸多繁雜之手印，其艱深程度絕非資質平
庸者所能勝任，故能主持「瑜珈燄口」之科事者，必具備展演其
他科儀之能力，因此以「瑜珈燄口」來考驗及審定一位釋教法師
的法事涵養，是再適合不過的最佳選擇。由於經過長期的師徒情
感培養，故「開香」儀式乃師父代徒弟主辦，並透過師父之日常
人脈，廣邀親朋好友準備祭品前來讚普，同時亦敦請各地道友前

來見證襄贊，考核該學藝者之能力與表現。若徒弟順利完成整場
「開香」儀式，則師父會贈送整組捲軸掛圖、疏牌、繡彩、樂器
等壇場所需物品，以慶賀其學藝告成，且傳授壇名牌匾，藉此示
其師門法脈。[25]

四、組織

　　許多行業都有同業公會，將從事同一類型行業的人彼此組織
在一起，以求互助互信，強化集體意識，共同為自己的行業努力。
雖然臺灣的釋教壇和釋教法師眾多，但彼此間因系統和派別的不
同，平時甚少聯誼，故目前尚無正式之同業公會出現。有鑑於一
般不知情的人，常對釋教存有許多錯誤的認知，因此部分有心致
力釋教發展的行內從業人員，積極號召各地之釋教法師，陸續成
立名為「釋教會」的組織，藉以推動釋教的自我進步，並讓原本
「各自為政」的釋教法師能團結在一起。目前桃園縣[26]、臺中市
[27]、南投縣[28]等地都有成立釋教會，但這些釋教會仍呈現多頭馬
車的情形，仍需一段時日的發展，方能達到組織健全的境界。雖
然無同業公會的出現，但有些地區的釋教法師會自行籌組「佛祖

---

[25] 上述有關釋教法師之傳承方式和習法過程，係依據筆者訪談花蓮市開
　　盛壇壇主楊峒律（仲祐）、開妙壇壇主林國興、開瑞壇壇主黃林豐、
　　慈皇佛堂堂主黃崇鵬、壽豐鄉慈明壇壇主魏福慶、玉里鎮瑞德壇壇主
　　程清泉、廣瑞壇壇主賴興進等人之記錄彙整而成。
[26] 桃園縣釋教會成立於民國七十九年，係由縣內釋教法師鄭水土所發
　　起，現今會址設在楊梅鎮。
[27] 臺中市釋教會之會址設在該市南屯區永定里，創會會長由洪清風擔
　　任。
[28] 南投縣釋教會之會址設在草屯鎮。

會」（亦稱「祖師會」）[29]，召集同一地區的各釋教法師，以共同供奉祖師釋迦牟尼佛的名義，組成一個私人的神明會，並從會員中擲選出值年爐主，由值年爐主負責供奉會中的祖師神像，且掌管整個佛祖會的經費運用。因釋迦牟尼佛的誕辰為農曆四月初八，故多數的佛祖會均擇此日舉行祭典，辦理吃會（餐會）來聯誼，並於會後擲選出下年度的值年爐主，如此年復一年，藉以維繫釋教同業圈成員的情感，這也成了凝聚釋教法師向心力的最佳管道。

第三節　釋教法事種類

　　臺灣釋教所主持的法事大略可分為廟事法會和喪葬拔渡兩種，但為避免內容重覆，故本節僅談論廟事法會部分，關於喪葬拔渡法事之細節，則容待下一章再論述。釋教的廟事法會又有中元普渡及各朝醮事之別，前者慣於每年農曆七月舉行，後者通常是廟宇落成或村庄謝願才辦理，屬於不定期性之活動。中元普渡的法事乃承繼佛教「盂蘭盆會」之傳統，規模有午夜、一朝、二朝等類型，主要目的都是為了廣渡沉淪，超薦十方男女無主孤魂滯魄。有關釋教廟事法會的科儀內容，鄭志明、黃進仕合著的《打貓大士—民雄大士爺祭典科儀探討》、林怡吟的《臺灣北部釋教儀式之南曲研究》和鄭榮興的《臺灣客家音樂》等書，皆有詳簡不一之記載。如《打貓大士—民雄大士爺祭典科儀探討》一書中所記錄的釋教科儀，有鬧壇打通、大發表、請大士、請佛登殿、

---

[29]　例如花蓮市和吉安鄉境內閩南系統的釋教法師，便曾籌組過「佛祖會」來交流聯誼，但現今已散會。

豎旛、大士開眼、安三界、安孤魂位、誦《梁皇寶懺》、出榜、內供（包括早供、午供）、外供、放水燈、金山供、普施（包括鬧座坪、安座孤坪、淨孤筵、瑜珈燄口）、謝三界、謝壇、謝燈篙等。[30]《臺灣北部釋教儀式之南曲研究》則記錄了二朝普渡法事的流程，即第一天的科儀上午有起鼓、發表、大啟請、獻外供、拜懺、獻供（南供），下午有拜懺、放水燈、鬧廳等，而第二天的科儀上午有起鼓、演淨、獻外供、拜懺、請三界、獻供（北供）、謝三界，下午有請大士、放大榜、巡宴、鬧坐棚、放燄口、謝壇等。[31]《臺灣客家音樂》中則記錄一朝醮事的流程，其科儀有開壇點燈、豎列神旛、大士開光、奏表申文、揚旛接聖、恭請諸佛、恭請六神、拜誦水懺、敬獻午供、滿堂供養、叩謝三界、普渡孤魂、叩謝眾神等。[32]

又依據筆者實地訪談釋教法師所得之資料彙整，若以一朝法事規模為例，其科儀大致有大士開光（為大士爺開光點眼，使紙糊神像轉化成具有靈力的鬼王，以維持普渡法會的秩序）、發表通傳（發送表文，告聞三界，稟明本次法事之緣由，將眾生情悃上達蒼穹法界）、恭請神佛（恭請諸天神佛菩薩蒞臨壇場，接受善信之香花供養，能不捨慈悲證盟法事）、奉安六神（奉安三官大帝、大士爺、山神、土地神、寒林所召請之累朝帝王歷代王侯將相后妃夫人一切哲眾、同歸所召請之本境沃焦山下男女孤魂等

[30] 鄭志明、黃進仕《打貓大士──民雄大士爺祭典科儀探討》，頁 107~180，嘉義大林：南華大學宗教文化研究中心，2000 年初版。

[31] 林怡吟《臺灣北部釋教儀式之南曲研究》，頁 43~44，國立臺北藝術大學音樂學系研究所碩士論文，2003 年。

[32] 鄭榮興《臺灣客家音樂》，頁 198~200，臺中市：晨星出版有限公司，2004 年初版。

眾和陸海空三軍陣亡英勇將士，以便接受十方善信的敬拜）、恭誦水懺（誦唸《慈悲三昧水懺法》上、中、下卷）、滿堂供養（呈獻各式供品來供養神佛）、敬謝三界（叩答合稱「三官大帝」的上元一品天官賜福紫微大帝、中元二品地官赦罪清虛大帝、下元三品水官解厄洞陰大帝，與諸天高真仙聖蒞臨壇場，鑑證祭典功德）、拜榜張掛（於法壇外張掛載有法會緣由和眾善信大德姓名之榜文）、普渡賑濟（虔備祭品普施五音雜陳無主孤魂等眾，釋教法師並以燄口法力，獻結手印，廣施法訣，以神通妙力開眾孤魂的咽喉，且變化普渡場之法食，使祭品能一變十，十變百，百變千，千變萬萬，無量無盡地供應給孤魂享用）、送神謝壇（向降臨壇場的諸天神佛菩薩叩謝鴻恩，並恭送祂們返駕回宮）等。二朝則增加豎旛（豎立神旛以迎請天地神鬼蒞臨壇場）、恭誦梁皇（誦唸《梁皇寶懺》十卷，恭請十地菩薩證明功德，為眾善信解罪以求身免，同時向諸神佛祈求身心平安，災清福集）、燃放水燈（希冀水燈之神光普照九幽，遍召孤魂前來聞經受渡，並接受各界善信之普渡施食）等科儀。

　　至於各朝醮事部分，常見的規模則有三朝醮與五朝醮，兩者的科儀皆為一朝和二朝法事的擴充，所增加的科儀有豎燈篙（豎立燈篙，一來迎請天界神祇降臨壇場鑑證法事，二來召請陰間孤魂共赴法筵聞經受渡）、金剛對卷（誦唸《金剛科儀寶卷》，感悟五音什彙男女孤魂，助其改過從善，惡業永清，頓超苦海，往昇極樂仙境）、金剛寶懺（誦唸《大乘金剛般若寶懺》上、中、下卷，迴向予十方無主孤魂滯魄等眾）、藥師寶懺（誦唸《慈悲藥師寶懺》）、血盆寶懺（誦唸《慈悲血盆懺》上、中、下卷）、放生（野放各類飛禽走獸，為全體善男信女增添功德）、燃放蓮燈（由眾善信認捐蓮花燈，並燃放至溪水中，以接請無祀之有情

上岸受渡）、蒙山小普（準備素齊祭品普施眾冥府沉淪）、禮拜
金山（引領孤魂淨身禮佛，並行十方禮朝拜諸佛，奉安天王護守
壇場）、天廚正供（於三寶壇前呈敬飯、香、花米、燈、茶、水、
果、財帛等供品，荷望佛法僧三寶、四府龍天眾、合壇眾聖賢愛
領納受，並祈求眾神福被萬民）、齋天祝壽（即民間俗稱之「拜
天公」，由釋教法師率領眾善信，懇懃上啟三界聖慈，能暫離靈
霄降道場，同臨凡境鑑有情，欣納下界凡民之誠心敬奉）等，參
與之釋教法師人數，也隨醮事規模大小而予以增減。總之，場面
愈大，展演的科儀及動員的法師就愈多，顯現出來的釋教文化當
然也愈精緻齊備。[33]

第四節　花蓮縣釋教現況

　　由於本論文之研究範圍限定於花蓮縣，故在此必須針對花蓮
縣的釋教現況簡略說明一下。因花蓮縣開發較遲，迨清道光年間
方有漢人至此開庄[34]，而釋教屬閩、粵籍人士之民間宗教，故可
推測清末之際的花蓮或許已有釋教傳入，但文獻無徵，所以無法
確切證實。根據筆者實地進行田野調查與訪談，花蓮縣境內十三
個鄉鎮市中，除新城鄉、富里鄉、秀林鄉、萬榮鄉、卓溪鄉、豐

---

[33] 上述有關釋教法事之種類、規模和科儀內容，係依據筆者訪談花蓮市
　　開盛壇壇主楊竫律（仲祐）、開妙壇壇主林國興、開瑞壇壇主黃林豐、
　　慈皇佛堂堂主黃崇鵬、壽豐鄉慈明壇壇主魏福慶、鳳林鎮萬盛壇壇主
　　陳紹洋、玉里鎮瑞德壇壇主程清泉、廣瑞壇壇主賴興進等人之記錄彙
　　整而成。

[34] 駱香林主修，苗允豐編纂《花蓮縣志》卷五，頁5，花蓮：花蓮縣文
　　獻委員會，1979年初版。

濱鄉無釋教壇外，其餘鄉鎮市則皆有數量不一的釋教壇存在。而各鄉鎮市之釋教壇名稱如下：花蓮市開盛壇（閩南壇）、開妙壇（閩南壇，位於福德一街）、開妙壇（閩南壇，位於十六股）、開瑞壇（閩南壇）、慈皇佛堂（閩南壇）、吉安鄉瑞靉壇（閩南壇）、道達壇（客家壇）、壽豐鄉慈明壇（閩南壇）、鳳林鎮廣盛壇（客家壇）、萬盛壇（客家壇）、光復鄉瑞靉壇（閩南壇）、廣盛壇（客家壇）、瑞穗鄉瑞靉壇（閩南壇）、玉里鎮瑞德壇（閩南壇）、瑞玉壇（閩南壇）、萬芳佛壇（閩南壇）、廣瑞壇（客家壇）。其中玉里鎮廣瑞壇係上述釋教壇中歷史最悠久者，據壇主賴興進提供之家族系譜記載，該壇創始者為曾阿炳（即玉里人口中的「和尚炳」），曾氏原新竹縣關西鎮人，因父母早逝，遂自幼隨恩師羅魁學習釋教科儀，及長，入贅賴家，並以釋教法師為業。民國十五年舉家遷居玉里鎮，且於自宅開設「廣瑞壇」，承攬各項廟事法會和喪葬拔渡功德。後來曾阿炳將壇務傳予長子賴復春，但因廣瑞壇壇務興盛，法事應接不暇，導致賴復春操勞過度，英年早逝，所以壇務只好續傳第三代賴興和、賴興財、賴興寶、賴興進兄弟。目前廣瑞壇壇主為賴復春之六子賴興進，賴氏從十三歲起，便跟隨祖父習藝，十七歲遠赴新竹縣新埔鎮拜陳茂才為師，以求自我學識之進一步提升。退伍後，返鄉接掌廣瑞壇之經營，且平時積極參與地方事務，熱心公益，使廣瑞壇深受玉里人敬重。[35]

又《花蓮縣志》記載：

---

[35] 有關廣瑞壇之歷史沿革，乃由壇主賴興進先生口述，並參考賴世豪《溪水啊！靜靜地流—懷念邱錦帶阿婆紀念文集》，作者自印，2001 年初版。

開盛壇，位于市區中山路，屬永定教，道佛合一，兼烏紅兩派。民國二十二年，道士楊錦順設立，……奉祀釋迦牟尼佛、阿彌陀佛神像，……不傳教，以代人消災、祈福、喪葬道場等項儀式為職業。

開盛壇，位于市區成功街，教派與中山路開盛壇相同。民國二十年，道士楊東波設立，繼承主持者楊鑾池，……奉祀釋迦牟尼佛、太上老君。不傳教，以代人消災、祈福、喪葬道場為職業。

贊化壇，位于市區仁愛街，屬靈寶教，儒道佛合一，兼烏紅兩派。民國十九年，道士陳永昌設立，……奉祀釋迦牟尼佛、孚佑帝君像，……不傳教，職業與開盛壇相同。[36]
……

開妙壇，位于市區中華路，屬永定教，道佛合一，兼烏紅兩派。民國四十五年，道士簡敬忠設立，……奉祀釋迦牟尼佛、阿彌陀佛像，……不傳教，以代人消災、祈福、喪葬道場為職業。

義瑞壇，位于市區信義街屬道教烏頭派，民國三十五年，道士郭老仁設立，住宅為壇，奉釋迦牟尼佛，不傳教，以

---

[36] 駱香林主修，苗允豐編纂《花蓮縣志》卷五，頁 56~57，花蓮：花蓮縣文獻委員會，1979 年初版。

喪葬道場為職業。[37]

以上的各壇皆為早期花蓮市區內的著名釋教壇，其中兩座開盛壇和開妙壇，皆被登錄為閩南釋教系統中的「永定派」。另贊化壇則被誤植為靈寶教，義瑞壇被誤歸道教，之所以會發生這樣的文字錯誤，可能是修志撰述者對釋教認知有限而造成。又縣志以「道士」一詞來稱呼各壇創立者，針對此一用詞，筆者推測應為「釋教法師」這一名稱在過去尚未普遍，故修志者遂依照臺灣民間對釋教從業人員的俗稱─「師公」（或「司公」）來撰述，而「師公」一詞亦可用於稱呼道士，因此會有這種張冠李戴的稱謂誤用。

　　經筆者實際訪查得知，中山路的開盛壇、仁愛街的贊化壇和信義街的義瑞壇，這三座釋教壇現今皆已不存，故花蓮縣境內之閩南系統釋教壇，遂以創立於民國二十年的成功街開盛壇歷史最久。而筆者亦與楊東波之曾孫楊竫偉（仲祐）進行過訪談，楊氏表示開盛壇原於臺北縣貢寮鄉，由其高祖楊火三創設，爾後第二代楊東波移居花蓮，並因道術精湛，不久便於北花蓮地區打響知名度，且吸引原鄉年輕輩遠赴花蓮拜師習藝，例如今貢寮鄉澳底開瑞壇即為其法脈所傳。民國四十五年，臺北縣雙溪鄉人簡敬忠因故至花蓮市設立開妙壇，後又傳承道法予十六股人林國興，而林氏習成後亦另立開妙壇於今花蓮市國強里。民國四十八年，臺灣中部地區發生八七水災，災情相當嚴重，迫使彰化、雲林、嘉義一帶的許多居民移墾花蓮，也隨之引進西螺派、嘉義派的釋教壇，如花蓮市黃崇鵬的慈皇佛堂、吉安鄉黃朝明的瑞爨壇、光復鄉黃昌岩的瑞爨壇、玉里鎮程清泉的瑞德壇等，均為此時陸續至

---

[37]　同上註，頁 57~58。

花蓮設壇，以服務遷居東部的鄉民。民國七十年左右，另有壽豐鄉豐田人魏福慶至嘉義市慈明壇習法，與鳳林鎮水車寮人陳紹洋前往新竹縣湖口鄉萬盛壇學藝，並返鄉設立慈明壇和萬盛壇，成為花蓮縣境內新興的釋教壇，也為東部的釋教注入另一股生命力。

第五節　小結

綜合以上論述，可知「釋教」不屬於正信佛教系統之內，「釋教法師」更非出家僧侶，而是民間的神職人員，並過著伙居的世俗生活，可娶妻、生子、茹葷，平日則以主持喪葬拔渡法事為首要的服務項目。又關於「釋教」之淵源，則分為閩南與客家兩種傳說，前者稱釋教起源於唐朝，係唐太宗李世民為推廣及宣導律法政令，遂聘用未中舉之文士至各地設立佛壇，藉由主持喪葬拔渡法事的機會，以淺顯易懂之口白，講述倫理道德的觀念和各項法律條文內容，藉此教化人心。後來這些下鄉主持法事的文士便自稱為「釋教」，並改以世襲或授徒方式，將科儀法事代代相傳下去。後者則云早期客家人的喪葬拔渡法事由出家僧侶負責，但因故有普通人習得相關程序，並設壇承辦喪葬拔渡法事，仿傚出家僧侶誦唸經懺，後來竟在客家社會甚為流行，以致形成今日之「釋教」。基本上，這些說法並無確切之文獻根據，只能算是臺灣釋教行業圈中流傳的民間野史。但細究釋教之經懺、科儀及其崇祀之神祇，則又與佛教、道教、齋教龍華派，甚至是大陸閩、粵一帶的「香花佛事」，皆有一定程度的關係存在。

至於釋教何時傳入臺灣，現因文獻無徵，確切年代已不可考，但成書於清康熙五十六年（西元 1717 年）的《諸羅縣志》

中，已有關於釋教喪葬拔渡法事之記載，故可估計釋教傳入臺灣之年代，也應該不會遲於此時。由於臺灣的道士分成「正一派」（道法二門）和「靈寶派」兩大團體，其中「正一派」向來只做喜慶及醫療法事，故其流行區域內之喪葬拔渡法事轉由釋教負責，因此使得釋教的分布也大致與正一派流行區域重疊。而臺灣釋教多採父傳子之世襲制度，或拜師學藝的傳受模式，藉此延續法脈，並先從誦唸經懺開始入門，然後再進一步學習較繁雜的科儀與後場演奏，最後經由行俗稱「開香」的普渡儀式認可後，才算學藝告成，且獲得日後自行開壇的資格。又臺灣釋教所主持的法事約可分為廟事法會和喪葬拔渡兩種，其中廟事法會又有中元普渡及各朝醮事之別，依法事之規模大小不同，而各有其科儀繁簡的差異。總之，臺灣的釋教文化可說是一種經「在地化」發展後所形成的特殊「小傳統」。

第三章

臺灣釋教喪葬拔渡法事

第一節　法事舉行時機與規模

一、舉行時機

　　依舉行之時機和目的來分類，臺灣民間慣行的喪葬拔渡法事大致有入木功德、七旬功德、出山功德三種。[1]第一種的「入木功德」，又稱「開冥路」、「開魂路」，為人往生之後的首壇拔渡法事，例如亡者若上午過世，陽世孝眷則須在下午啟建法事，若下午或晚上過世，則改於隔日上午啟建法事。因昔日無冷凍冰櫃供喪家租用，為講求衛生，故人過世之後便儘速擇期入木（即大殮），而此首壇法事乃於入木前舉行，故名之為「入木功德」。關於舉行「入木功德」之目的，鈴木清一郎《臺灣舊慣習俗信仰》云：

　　……「開魂路」；就是為死者的靈魂開出一條平坦大路，
　　以便讓他順利走向陰間。[2]

林怡吟《臺灣北部釋教儀式之南曲研究》亦引述釋教法師的說法：

　　人過世之後魂魄就會四散，漫無目的地，茫茫渺渺走無
　　路，開魂路就是要將魂魄集中在一起，幫亡者開路，讓其

---

[1]　邱宜玲《臺灣北部釋教的儀式與音樂》，頁 22~24，國立臺灣師範大學音樂學研究所碩士論文，1995 年。

[2]　鈴木清一郎著，馮作民譯《臺灣舊慣習俗信仰》，頁 301，臺北市：眾文圖書股份有限公司，1989 年一版。

好走路。為指引亡魂路途使其不會徬徨無措之意。[3]

第二種的「七旬功德」，係亡者過世後，陽世孝眷必須每七日行祭禮一次，而漳籍、粵籍人士稱此祭禮為「做七」，泉籍人士稱為「做旬」[4]，故有「頭七」（頭旬）、「二七」（二旬）、「三七」（三旬）至「七七」（七旬），而「七七」則又稱「滿七」或「滿旬」。有關「七旬功德」之舉行目的，林怡吟有以下之解釋：

> 做旬之重點在引領亡魂過十殿時，請求各殿閻羅高抬貴手放過死者，並減輕或赦免其罪，使亡魂得以順利超脫，免於永淪地獄。[5]

至於第三種的「出山功德」，因舉行時機為出山（即出殯）之前或當日，遂得此名，而其規模通常居三者之冠。此外，部分經濟能力較佳之喪家，亦會利用亡者過世後的「百日」和「對年」這兩個紀念時機，舉行「百日功德」及「對年功德」性質的拔渡法事，但此種情形並不多見。

---

[3]　林怡吟《臺灣北部釋教儀式之南曲研究》，頁 22，國立臺北藝術大學音樂學系研究所碩士論文，2003 年。

[4]　徐福全《臺灣民間傳統喪葬儀節研究》，頁 429，作者自印，2001 年初版。

[5]　林怡吟《臺灣北部釋教儀式之南曲研究》，頁 22，國立臺北藝術大學音樂學系研究所碩士論文，2003 年。

二、法事規模

臺灣釋教喪葬拔渡法事的規模，按進行時間之長短，可分為下列數種：

(1)「冥路」[6]，為規模最小的拔渡法事，目前一般所見之「冥路」規模法事，大致有兩種形式，一為當天下午一點半開始，至晚上十點左右結束，此為傳統之冥路形式。另一種為當天上午十點開始，至晚上八點左右結束，此形式慣用於都市地區，主要因都市人常抱怨喪葬拔渡法事所產生的音量，故釋教法師只好將時間稍作變通，讓法事提早舉行，以免在夜晚干擾到喪家的左鄰右舍。[7]

(2)「午夜」，顧名思義，即「午」與「夜」合在一起的意思，但其實為當天上午九點半開始，至晚上十點左右結束。[8]

(3)「一朝」，即一晝夜之意，但形式卻有多種，有的是從前天上午開始，至隔天上午結束，有的則是從當天下午開始，至隔天傍晚結束。但依筆者實際田野調查所見，則為當天晚上七點開始，至十一點左右暫歇，然後隔天上午九點再開始，持續至晚上十點結束。

(4)「一朝宿啟」，為歷時一天半的法事規模，即當天午後開

---

[6] 「冥路」一詞在釋教法師的行業圈內有兩種解釋，一是指依拔渡法事舉行時機而言（即「入木功德」），二是指依拔渡法事規模而言，但實際上「入木功德」亦多為「冥路」規模，故該詞彙必須端視其使用時機，方能清楚得知意指為何。

[7] 花蓮縣境內以木瓜溪為界，以南各鄉鎮的「冥路」規模法事，為傳統形式，以北各鄉鎮則為變通形式。

[8] 花蓮縣境內的「午夜」規模法事，一般只比「冥路」規模法事多了一齣「走赦馬」（放赦）科儀，或將「十王懺」改為「金剛對卷」科儀。

始，一直到隔天晚上結束。但此規模必須在一天半的時間內，安排「二朝」的科儀項目，以致儀式的進行較為緊迫，現今已少有人採行此規模的喪葬拔渡法事。

(5)「二朝」，係兩天之意，也就是按「一朝」的時間再增加一日。

(6)「三朝」，即三天之意，乃循「二朝」規模再添一日。

因「二朝」規模以上的喪葬拔渡法事，所需之時間、費用不貲，且其中更有安排「普渡賑濟」的科儀，這必須勞動喪家之親朋好友準備祭品前來贊普[9]，其動員的人力、物力甚鉅，故少有喪家有足夠能力舉行，使得「二朝」、「三朝」的法事較為罕見。

目前一般喪家舉行的拔渡法事規模與壇數（即次數）互異，主要端視地方習俗和喪家的經濟能力決定，但最少都會舉行一場「冥路」規模的「出山功德」，而家境小康者，乃採頭尾兩壇形式，即先舉行一場「冥路」規模的「入木功德」，再舉行一場「午夜」或「一朝」規模的「出山功德」。經濟能力闊綽的喪家，則會採「午夜」規模的「入木功德」、「一朝」規模的「三旬功德」和「二朝」規模的「出山功德」之組合的「三壇」形式，或「午夜」規模的「入木功德」、「一朝」規模的「頭旬功德」、「三旬功德」、「五旬功德」和「二朝」規模的「出山功德」之組合的「五壇」形式。本論文所研究之花蓮縣，因隸屬農業縣份，居民之經濟向來較為拮据，故本地喪家通常只舉行一場「出山功德」，且慣採既經濟又省時、省事的「冥路」規模。至於「入木

---

[9] 依臺灣民間的傳統習俗，當親朋好友準備祭品前來贊普時，喪家通常都要準備適當金額的紅包，或麵線、麵龜、味精等禮物來回贈，以感激眾人的鼎力襄贊。

功德」、「七旬功德」，及其他各類規模的喪葬拔渡法事，在花蓮縣境內並非已絕跡，只是一年之中所舉行的次數通常不多，實為「可遇而不可求」。

第二節　參與人員、樂器、服裝

一、參與人員、樂器

　　因法事規模的不同，所以每場參與的釋教法師人數不一，但依職責可分為前場人員和後場人員兩類。依筆者實地田野調查所見，「冥路」規模法事的需要前場三人、後場三人，「午夜」規模以上的法事則需要前場五人、後場四人，當然人數會隨場面的大小而適度增減。在前場人員中，若三人升壇行法，居中者稱為「首座」或「中尊」，乃此齣科儀的主導者，亦為三人之中地位最高的法師，負責科儀的展演與經文之主要唱唸部分。首座右手邊的法師稱為「正主懺」或「正東」，為此齣科儀的重要副手，負責替首座幫腔與補充其唱唸之不足，通常由資歷較深或唱唸較佳者擔任。首座左手邊的法師稱為「副主懺」或「正西」，負責協助首座展演科儀時之唱唸幫腔，與延香、遞供品、端茶水等雜務工作。至於五人升壇行法時，則在正主懺及副主懺的旁邊再各加一位法師，居正主懺右手邊者稱為「副東」，居副主懺左手邊者稱為「副西」，其任務都是要幫忙首座完成此齣科儀之展演，並壯大法事規模的排場。

　　後場人員則可分為文邊和武邊，文邊又稱「文場」，安排在壇場的左手邊，武邊又稱「武場」，安排在壇場的右手邊，兩邊放置各式樂器，藉此為前場所展演的科儀伴奏。文、武兩邊的樂

器互有差異，文邊所使用的皆為旋律樂器，如嗩吶（大吹）[10]、
噯仔（小吹）[11]、洞簫[12]、殼仔弦[13]、三弦[14]等，武邊所使用的

---

[10] 「嗩吶：西亞吹奏樂器。語出波斯語 Zourna，又稱『瑣哪』、『蘇爾奈』、
『轟兜姜』、『金口角』、『鎖喇』、『嘰吶』、『凱笛』、『號笛』、『喇叭』、
『地打』或『吹』等，民間使用最廣泛樂器之一，兩晉時期流行於新
疆地區，明正德後在中國廣泛使用，清代常用於宮廷禮儀、回部樂，
或軍樂，民間婚喪喜慶及民俗節日主奏樂器，一般選用紅木、花梨、
白木等，特殊情形也採用烏木、紫檀木，有大、小嗩吶數種，管身錐
形木製，喇叭口銅製，前七後一孔，上粗下細，以振動葦製哨子（又
稱『吹引子』）發聲，管體、哨子、喇叭口拆解吹奏，音量宏大，音
色高昂、宏亮，富穿透力，宜於表現歡快、熱烈、雄壯熱情，……常
作為領奏樂器使用，多見於牛犁歌、閩南什曲、北管、客家八音、潮
州器樂曲、歌仔戲及佛教、道教科儀、陣頭中，民間藝人能控制氣息，
以循環換氣法連續吹奏，熱鬧場面，所有管樂器技巧幾乎都能用於嗩
吶，表現力強」，薛宗明《臺灣音樂辭典》，頁 344，臺北市：臺灣商
務印書館股份有限公司，2003 年初版。
[11] 「小吹：即『小嗩吶』，又稱『嗹仔』或『海笛』，俗稱『噯仔』、『小
噯』，音色細膩，北管及歌仔戲用為主要吹奏樂器，……」，薛宗明《臺
灣音樂辭典》，頁 34，臺北市：臺灣商務印書館股份有限公司，2003
年初版。
[12] 「洞簫：吹奏樂器，早見於漢陶俑及嘉峪關魏晉墓室磚畫，通常用九
節紫竹或白竹、紅木製作，音域 d'~e'，長約八十釐米，吹口在頂端，
管身開六孔，前五背一，吹氣振動竹管發聲，音色清柔悠遠，用為獨
奏或合奏，……」，薛宗明《臺灣音樂辭典》，頁 196，臺北市：臺灣
商務印書館股份有限公司，2003 年初版。
[13] 「殼仔弦：為擦絃樂器，以音箱由椰子殼作成而稱之；音箱略呈半球
體，再蒙上一桐木面板，張有兩絃，故樂師稱此為『二絃』。因演奏
時音箱放置於大腿上，琴身豎立與身體平行，所以樂師另一說法為『豎
線』」，林怡吟《臺灣北部釋教儀式之南曲研究》，頁 89，國立臺北藝

則為打擊樂器，如單皮鼓[15]、通鼓[16]、大鼓[17]、手鼓[18]、扇鼓[19]、

術大學音樂學系研究所碩士論文，2003 年。

[14] 「三絃：以撥片彈撥之樂器；其音箱略呈四方型，兩面皆以木質面板，
琴柄長，張有三絃，故樂師稱此為『三絃』。因演奏時，樂器為橫臥，
與樂師身體成垂直狀，所以樂師另一說法為『倒線』」，林怡吟《臺灣
北部釋教儀式之南曲研究》，頁 89，國立臺北藝術大學音樂學系研究
所碩士論文，2003 年。

[15] 「單皮鼓：以只有一面蒙皮稱之，……其音色結實略帶爆裂聲，在樂
器合奏中有『頭手鼓』之稱，居指揮的地位」，林怡吟《臺灣北部釋
教儀式之南曲研究》，頁 88，國立臺北藝術大學音樂學系研究所碩士
論文，2003 年。

[16] 「通鼓：以其所發出的聲響近似『通通』的聲音稱之，亦有堂鼓之
稱，……鼓身為長筒形，上下皆蒙皮，鼓面張力較鬆；地位僅次於單
皮鼓，並常與單皮鼓搭配使用，所以多由頭手鼓師兼之；若後場樂師
充足，另設一名樂師司之」，林怡吟《臺灣北部釋教儀式之南曲研究》，
頁 88，國立臺北藝術大學音樂學系研究所碩士論文，2003 年。

[17] 「大鼓：兩面蒙皮，鼓面較通鼓大，但高度較小，為扁形的圓柱體」，
林怡吟《臺灣北部釋教儀式之南曲研究》，頁 88，國立臺北藝術大學
音樂學系研究所碩士論文，2003 年。

[18] 「手鼓：為一長柄、圓鼓面的樂器，其鼓面較通鼓大，比大鼓小。因
為攜帶方便，所以當儀式空間改變時，用於行進間的引導，為單為鼓
或通鼓的代替品。演奏時鼓師將長柄壓坐於臀下用以固定位置」，林
怡吟《臺灣北部釋教儀式之南曲研究》，頁 88，國立臺北藝術大學音
樂學系研究所碩士論文，2003 年。

[19] 「根據美國 Paddington Press Ltd. 1976 出版《Musical Instrumets of The
World》，『扇鼓』源於日本，原名『Uchiwa daiko』」，許瑞坤《臺灣北
部天師正乙派道教齋醮科儀唱曲之研究》，頁 185，國立臺灣師範大
學音樂學研究所碩士論文，1987 年。

響板（箍仔板）[20]、銅鑼（大鑼）[21]、餅鑼（小鑼）[22]、響盞[23]、雙音（兩音）[24]、鈸（鈔仔）[25]等。現今部分釋教壇為使後場之伴奏聲響更為熱鬧，還會適度增添爵士鼓、電吉他、電子琴、薩克斯風等西洋樂器來助陣，而前場的釋教法師也會敲擊木魚、銅磬，或手執鈴鐸（手鈴）[26]、五音[27]搖打，以發出聲響節拍，使

---

[20] 「響板：……為一長約 17 公分、寬約 4 公分的長方形中空體鳴樂器，由鼓師擊奏，奏牌子時偶代替單皮鼓之地位」，邱宜玲《臺灣北部釋教的儀式與音樂》，頁 166，國立臺灣師範大學音樂學研究所碩士論文，1995 年。

[21] 「鑼的外形與原盤相近，中央自圓心向外約十公分直徑的平面範圍，為敲擊發生的位置」，潘汝端《北管鼓吹類音樂》，頁 74，臺北市：國立傳統藝術中心籌備處，2001 年初版。

[22] 「餅鑼：……為圓盤狀、平面，演奏時一手持穿繩之吊繩，一手持圓頭棒鑼槌擊之」，林怡吟《臺灣北部釋教儀式之南曲研究》，頁 88，國立臺北藝術大學音樂學系研究所碩士論文，2003 年。

[23] 「響盞：……即京劇後場的小鑼，中央圓形平面稍微凸起，演奏時以左手手指支定內緣，右手持木片敲擊之，音色響亮突出，為後場演奏北管牌子時使用之」，林怡吟《臺灣北部釋教儀式之南曲研究》，頁 89，國立臺北藝術大學音樂學系研究所碩士論文，2003 年。

[24] 「雙音：……為嵌於長方形木架中之兩面小鑼，音高略有差異，……奏時以一細槌來回連續敲擊二音，拜懺中之唱曲多以其伴奏，科儀中的誦唱場合亦以兩音伴奏之」，邱宜玲《臺灣北部釋教的儀式與音樂》，頁 166，國立臺灣師範大學音樂學研究所碩士論文，1995 年。

[25] 「鈸：……由一對中央半球形突起的銅盤組成」，林怡吟《臺灣北部釋教儀式之南曲研究》，頁 89，國立臺北藝術大學音樂學系研究所碩士論文，2003 年。

[26] 「鈴鐸：和道士用的『帝鐘』形式不太一樣，法師用的手鈴，鐘柄為圓杵狀，造型嬌小，甚為可愛，而帝鐘為山字型」，鄭志明、黃進仕《打貓大士—民雄大士爺祭典科儀探討》，頁 95，嘉義大林：南華大

得多采多姿的美妙音樂貫串每齣科儀。

二、服裝

　　除了經懺方面的沿襲外，釋教在服裝上也與正信佛教近似，當釋教法師在展演科儀時，便穿著單色斜靠的海青，但首座之海青慣以黃色為主，其餘法師則採用黑色、紫色、褐色的海青。凡遇重要之科儀，法師們還會在海青外增披袈裟，或肩掛長條形的「座偈」，以示莊嚴。不過釋教在服裝上最大的特色，是前場法師人人皆頭戴法帽，首座的法帽稱為「大帽」，帽身略呈元寶狀，前後並佈滿極精美的刺繡圖案，其餘法師則頭戴半圓形的「斧頭帽」[28]或中空的「合掌帽」。此外，因喪葬拔渡法事中的打枉死城、打血盆、挑經、過橋等科儀，略帶有儀式戲的成分，並於某些固定橋段會安排小鬼、土地公、金童、玉女等角色出現，故釋教法師必須在正規服裝外，添備上述角色之面具、服飾，以便能生動逼真的扮演，而這些儀式戲專用的行頭配件，也成了釋教法師服裝中最為特殊的一類。

學宗教文化研究中心，2000 年初版。

[27] 「五音：又名「五指拍」，此樂器一般較少見，為緇門法師所獨用的樂器，是由五片六寸長、二寸寬的扁木板組成，使用時以右手拿五音，拍打在桌上或左手掌心上，使其發出聲音」，鄭志明、黃進仕《打貓大士—民雄大士爺祭典科儀探討》，頁 95，嘉義大林：南華大學宗教文化研究中心，2000 年初版。

[28] 之所以稱為「斧頭帽」，乃此帽的外形近似斧頭而得名，又因閩南系統的釋教法師大多頭戴這款法帽，故釋教法師也因此有「斧頭」或「斧頭法師」的俗稱。

第三節　壇場佈置

　　釋教的壇場又稱「三寶壇」或「功德場」，一般都佈置在喪家事先搭設好之臨時性帳棚內，壇場慣以繪有各神佛之捲軸掛圖為佈置基礎，再配合上各式華麗的繡彩及聯對，共同構築成一演法展科的神聖空間。在喪葬拔渡法事的壇場中，有「四桌」、「六桌」、「八桌」、「十桌」這四種類型，其差別在於各類型所懸掛之捲軸掛圖數量不同，故呈現出來的排場也有大小之異。規模最大者為「十桌」的排設，所謂的「十桌」是指壇場正面之最內側懸掛合稱「三寶佛」[29]的釋迦牟尼佛[30]、阿彌陀佛、彌勒佛三幅捲軸掛圖，接著再向外懸掛文殊菩薩、普賢菩薩之捲軸掛圖，壇場中間懸掛觀世音菩薩、地藏王菩薩之捲軸掛圖，最外面則懸掛韋馱尊者、伽藍護法之捲軸掛圖，這九幅捲軸掛圖再加上壇場內的「科儀桌」，即成為「十桌」的壯觀場面。上述之各捲軸掛圖中，除釋迦牟尼佛一定要懸掛外，其餘各幅則視壇場的大小斟酌取捨，最少以三幅為限，但各菩薩和護法必須成雙成對排列懸掛，即阿彌陀佛和彌勒佛一對，文殊菩薩和普賢菩薩一對，觀世音菩薩和地藏王菩薩一對，韋馱尊者和伽藍護法一對。而壇場的「科儀桌」，又稱作「中壇桌」，此桌是釋教法師誦唸經懺的地

---

[29]　釋教的「三寶佛」是指千百億化身釋迦牟尼佛、極樂世界阿彌陀佛、當來下生彌勒尊佛，與一般正信佛教所指的中央娑婆世界釋迦牟尼佛、西方極樂世界阿彌陀佛、東方琉璃世界藥師佛之「三寶佛」組合不同，故不能混為一談。

[30]　有的釋教壇還會在釋迦牟尼佛旁加掛阿難尊者、迦葉尊者之捲軸掛圖。

方，桌上擺放有香爐、檀香爐、蠟燭、木魚、銅磬、淨茶[31]、手
爐[32]、奉旨[33]、淨水缽（俗稱「水盂」、「水碗」）[34]、水果等
法器和供品，桌前的空間則為展演科儀的主要場所。科儀桌上另
架設有疏牌一組，疏牌多以五塊相連的型式，排列成屏風式放
置，而疏牌上也繪有釋迦牟尼佛、阿彌陀佛、彌勒佛、文殊菩薩、
普賢菩薩、觀世音菩薩、地藏王菩薩、韋馱尊者、伽藍護法等神
佛聖像，同樣地，除釋迦牟尼佛外，其他的諸神佛均可自由變更，
但亦如同壇場內之捲軸掛圖般，必須成雙成對排列出現。有的釋
教壇還會在疏牌前安奉一尊釋迦牟尼佛神像，並多以傳說中釋迦
牟尼佛誕生時「一手指天，一手指地」之特殊造型為主[35]，據釋

---

[31] 依筆者實地田野調查所見，釋教壇在科儀桌上所擺放的淨茶並非烹煮
過的茶水，而僅以三個茶杯裝盛乾燥茶葉。

[32] 「手爐：有手把可執的金色木雕香爐，前端為蓮座形狀，中有小孔可
供插香，把身則為龍形，提供中尊上香及外壇延香時用，屬於較為正
式的焚香器具」，鄭志明、黃進仕《打貓大士—民雄大士爺祭典科儀
探討》，頁 95~96，嘉義大林：南華大學宗教文化研究中心，2000 年
初版。

[33] 「奉旨：稱驚堂木或靜板，為一長約 10 公方的木條，置於科儀桌最
前列，供首座持用。儀式中首座多於口白段落之前高舉，示後場止樂，
或當儀式可以有兩種不同的唱法或作法時，作為首座與後場打暗號之
工具」，邱宜玲《臺灣北部釋教的儀式與音樂》，頁 163，國立臺灣師
範大學音樂學研究所碩士論文，1995 年。

[34] 「淨水缽：為一直徑 6 公分左右的鐵製圓缽，內盛淨水，儀式中逢灑
淨之段落時，則由首座左手持缽、右手以無名指沾取缽內之淨水作彈
灑或於空中書寫之動作」，邱宜玲《臺灣北部釋教的儀式與音樂》，頁
163，國立臺灣師範大學音樂學研究所碩士論文，1995 年。

[35] 根據釋教法師的解釋，此「一手指天，一手指地」之造形，乃表示「天
上地下，唯我獨尊」之意。

教法師表示，之所以要安奉釋迦牟尼佛神像於科儀桌上，主要的目的乃是為了鎮守壇場，以護佑拔渡法事能順利圓滿。

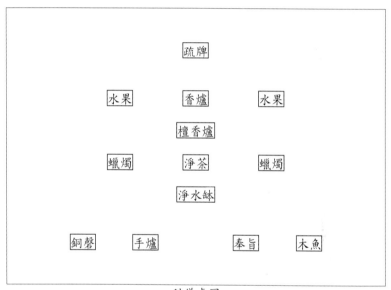

科儀桌圖

雖然喪葬拔渡法事壇場的正面所懸掛的捲軸掛圖，除了釋迦牟尼佛外，其餘並無硬性之組合模式，但壇場左、右兩側則固定懸掛十殿冥王之捲軸掛圖，所謂的「十殿冥王」，又稱「十殿地獄」、「十殿冥官」或「十殿閻羅」，分別為第一殿秦廣王[36]、

---

[36] 第一殿秦廣王：「專司人間壽夭生死冊籍，統管幽冥吉凶，鬼判殿居大海沃燋石外，正西黃泉黑路。凡善人壽終之日，是有接引往生，凡勾到功過兩平之男婦，送交第十殿發放仍投入人世，或男轉為女，或女轉為男，依業緣分別受報。凡惡多善少者，使入殿右高臺，名為『孽

第二殿楚江王[37]、第三殿宋帝王[38]、第四殿伍官王[39]、第五殿閻

鏡臺』，臺高一丈，鏡大十圍，向東懸掛，上橫七字，曰『孽鏡臺前
無好人』。押赴多惡之魂，自見在世之心之險，死赴地獄之險，那時
方知萬兩黃金帶不來，一生惟有孽隨身。入臺照過之後，批解第二殿，
用刑發獄受苦」，不註撰人《玉歷寶鈔勸世文》，頁 38，臺中市：瑞
成書局，1978 年再版。

[37] 第二殿楚江王：「司掌大海之底，正南沃燋石下活大地獄，此重縱廣
五百由旬，另設十六小地獄。一名黑雲沙小地獄、二名糞尿泥小地獄、
三名五叉小地獄、四名饑餓小地獄、五名燋渴小地獄、六名膿血小地
獄、七名銅斧小地獄、八名多銅斧小地獄、九名鐵鎧小地獄、十名幽
量小地獄、十一名雞小地獄、十二名灰河小地獄、十三名斫截小地獄、
十四名劍葉小地獄、十五名狐狼小地獄、十六名寒冰小地獄」，不註
撰人《玉歷寶鈔勸世文》，頁39，臺中市：瑞成書局，1978年再版。

[38] 第三殿宋帝王：「司掌大海之底，東南沃燋石下黑繩大地獄，此重縱
廣亦五百由旬，亦另設十六小地獄。一名鹹鹵小地獄、二名麻縲枷紐
小地獄、三名穿肋小地獄、四名銅鐵刮臉小地獄、五名刮脂小地獄、
六名鉗擠心肝小地獄、七名挖眼小地獄、八名鏟皮小地獄、九名削足
小地獄、十名拔手腳甲小地獄、十一名吸血小地獄、十二名倒吊小地
獄、十三名分髃小地獄、十四名蛆蛀小地獄、十五名擊膝小地獄、十
六名爬心小地獄」，不註撰人《玉歷寶鈔勸世文》，頁 40，臺中市：
瑞成書局，1978年再版。

[39] 第四殿伍官王：「司掌大海之底，正東沃燋石下合大地獄，此重亦廣
亦五百由旬，亦另有十六小地獄。一名砆池小地獄、二名秡鍊竹籤小
地獄、三名沸湯澆手小地獄、四名掌面流液小地獄、五名斷筋剔骨小
地獄、六名膅肩刷皮小地獄、七名鍋敷小地獄、八名蹲峯小地獄、九
名鐵衣小地獄、十名木石土瓦壓小地獄、十一名劓眼小地獄、十二名
飛灰塞口小地獄、十三名灌藥小地獄、十四名油荳滑跌小地獄、十五
名刺嘴小地獄、十六名碎石埋身小地獄」，不註撰人《玉歷寶鈔勸世
文》，頁 41~42，臺中市：瑞成書局，1978 年再版。

羅王[40]、第六殿汴城王[41]、第七殿泰山王[42]、第八殿平等王[43]、

[40] 第五殿閻羅王：「……司掌大海之底，東北沃燋石下叫喚大地獄，并十六誅心小地獄。……一名割取不敬鬼神猜疑有無因果報應等心小地獄、二名割取殺害生命等心小地獄、三名割取善願未完諸惡先行等心小地獄、四名割取近邪悖謬習術妄想長生等心小地獄、五名割取欺善怕惡恨他人不速死亡等心小地獄、六名割取計較移禍等心小地獄、七名割取男子行強圖謀姦淫婦女喪貞引誘曲從貪戀有無謀害等心小地獄、八名割取損人利己等心小地獄、九名割取慳吝勿顧生死緩急等心小地獄、十名割取偷盜昧賴等心小地獄、十一名割取忘恩報怨等心小地獄、十二名割取好鬥賭勝千連延累等心小地獄、十三名割取騙誘惑眾等心小地獄、十四名割取狠毒教唆已未能害等心小地獄、十五名割取嫉善妒賢等心小地獄、十六名割取執迷不改誹謗等心小地獄」，不註撰人《玉歷寶鈔勸世文》，頁 42~44，臺中市：瑞成書局，1978 年再版。

[41] 第六殿汴城王：「司掌大海之底，正北沃燋石下大叫喚大地獄，廣大五百由旬，四圍另設十六小地獄。一名常跪銥砂小地獄、二名屎泥浸身小地獄、三名磨摧流血小地獄、四名鉗嘴含鍼小地獄、五名割腎鼠咬小地獄、六名棘網蝗鑽小地獄、七名碓搗肉漿小地獄、八名裂皮瑏擂小地獄、九名銜火閉喉小地獄、十名桑火魺烘小地獄、十一名糞汙小地獄、十二名牛雕馬躁小地獄、十三名緋竅小地獄、十四名斫頭脫殼小地獄、十五名腰斬小地獄、十六名剝皮揎草小地獄」，不註撰人《玉歷寶鈔勸世文》，頁 45~46，臺中市：瑞成書局，1978 年再版。

[42] 第七殿泰山王：「司掌大海之底，西北沃燋石下熱惱大地獄，周圍廣五百由旬，并另設十六小地獄。一名抛釰自吞小地獄、二名裂胸小地獄、三名鑽腿逼坑小地獄、四名柿杈抗髮小地獄、五名犬咬脛骨小地獄、六名懊痛哭狗墩小地獄、七名刏頂開額小地獄、八名頂石蹲身小地獄、九名貉鴰上下啄咬小地獄、十名犁皮豬拖小地獄、十一名弔筆足小地獄、十二名拔蛇穿腮小地獄、十三名抽腸小地獄、十四名髁踏獾嚼小地獄、十五名烙手指小地獄、十六名油釜滾烹小地獄」，不註撰人《玉歷寶鈔勸世文》，頁 46~47，臺中市：瑞成書局，1978 年再

第九殿都市王[44]、第十殿轉輪王[45]。根據釋教法師表示,壇場內懸掛十殿冥王之捲軸掛圖有兩個主要目的,一為延請十殿冥王蒞壇證盟法事,並協助各項科儀之順利進行。二則藉由這些捲軸掛圖,將壇場佈置成一個絕佳的道德教化場域,十殿冥王的捲軸掛圖看起來雖然血腥恐怖,但每一幅圖畫卻都教導人們千萬不可以隨意做壞事,要時時心存善念,否則就算你在陽間能逃得過法律

版。

[43] 第八殿平等王:「司掌大海之底,正西沃燋石下大熱惱大地獄,此獄縱廣五百由旬,另設十六小地獄。一名車崩小地獄、二名悶鍋小地獄、三名碎剉小地獄、四名牢孔小地獄、五名翦秥小地獄、六名常圍小地獄、七名斷肢小地獄、八名煎臟小地獄、九名炙髓小地獄、十名爬腸小地獄、十一名焚膲小地獄、十二名開膛小地獄、十三名割胸小地獄、十四名破頂撬齒小地獄、十五名鈚割小地獄、十六名鋼叉小地獄」,不註撰人《玉歷寶鈔勸世文》,頁 48,臺中市:瑞成書局,1978 年再版。

[44] 第九殿都市王:「司掌大海之底,西南沃燋石下阿鼻大地獄,闊疊繞廣八百由旬,密設鐵網之內,另設十六小地獄。一名敲骨灼身小地獄、二名抽筋擂骨小地獄、三名鴉食心肝小地獄、四名狗食腸肺小地獄、五名身濺熱油小地獄、六名腦砸拔蛇拔齒小地獄、七名取腦蝟填小地獄、八名蒸頭刮腦小地獄、九名羊搐成醬小地獄、十名木夾頂磚小地獄、十一名磨心小地獄、十二名沸湯淋身小地獄、十三名黃蜂小地獄、十四名蝎鉤小地獄、十五名蟻蛀熬酖小地獄、十六名紫赤毒蛇鑽孔小地獄」,不註撰人《玉歷寶鈔勸世文》,頁 50,臺中市:瑞成書局,1978 年再版。

[45] 第十殿轉輪王:「殿居幽冥沃燋石外,正東直對世界五濁之處,⋯⋯專司各殿解到鬼魂,分別核定,發往四大部洲何處,該為男女壽夭富貴貧賤之家投生者,逐名詳細開載,⋯⋯」,不註撰人《玉歷寶鈔勸世文》,頁 51,臺中市:瑞成書局,1978 年再版。

的制裁，可是死後仍躲不了陰間十殿地獄眾冥王的嚴厲審判。

| 彌勒佛 | 釋迦牟尼佛 | 阿彌陀佛 |

普賢菩薩 　　　　　　　　　　　　　文殊菩薩

科儀桌

地藏王菩薩 　　　　　　　　　　　觀世音菩薩

第六殿卞城王		第五殿閻羅王
第七殿泰山王		第四殿伍官王
第八殿平等王		第三殿宋帝王
第九殿都市王		第二殿楚江王
第十殿輪轉王		第一殿秦廣王

伽藍護法 　　　　　　　　　　　　　韋馱尊者

壇場佈置圖

第四節　科儀程序簡介

　　基本上，釋教喪葬拔渡法事的科儀程序，係依照法事規模的大小而有所不同，規模大者，科儀項目愈多，反之，則適度略減。又因喪家的祖籍（如閩、粵籍或漳、泉籍）、地域（如臺灣北部、中部、南部）等因素的不同，也會使得各地的釋教科儀產生些許

差異,可是每一項科儀均有其深度之內涵,以及所欲追求之目的
和意義。為了讓更多有志研究者瞭解,所以有必要針對釋教科儀
的內容詳加介紹,由於本論文的研究範圍限定在花蓮縣閩南釋教
之冥路喪葬拔渡法事,因此本節遂以筆者田野調查之所見與記
錄,將「冥路」規模的科儀程序簡要說明(其中打枉死城、打血
盆、挑經、過橋這四項科儀,因本論文之第四章會詳述其意義與
步驟,而第五、六、七章更會深入探討闡述,故在此僅羅列順序,
其內容則略而不談,以免重覆)。各科儀的進行方式及其意義簡
介如下:

(1)發關:即欲藉由發送過關之文牒,使亡靈能急赴道場內,
聞經受渡,沾領功德。「發關」科儀的步驟大致可分為:讚佛(讚
禮釋迦牟尼佛之成佛與法相)→告法事目的(稟告已具表文)→
灑淨(首座捧淨水鈢向四方方澆灑)→焚香供養(首座向內外壇
禮拜,眾唱焚香真言)→奉請(以密語奉請護法神加持)→冥香
供養(首座捧金紙三拜後交家屬焚化)→稟關文(唸誦內載僧之
法號及魂之姓名、籍貫、家屬姓名等之文疏)→奉送(奉送使者
發關文至三界)→回向(發關功德圓滿,回向十方,首座合掌三
拜後跪拜)。[46]

(2)請佛:本科儀是由釋教法師代孝眷人等懇請諸神佛菩薩降
臨道場,以證盟監督此次功德法事之奉行,並協助整場法事能順
利圓滿。「請佛」科儀的步驟約分為:禮讚(禮讚世尊、三寶)
→奉請(奉請南無大覺尊千幅相青蓮座上奉請真如佛陀耶、南無
金口演微妙法秘密寶藏奉請海藏達摩耶、南無遊三界應四洲神通

---

[46] 邱宜玲《臺灣北部釋教的儀式與音樂》,頁 71~73,國立臺灣師範大
學音樂學研究所碩士論文,1995 年。

妙用奉請福田僧伽耶、南無迦諾伽悟達國師齋主懺法奉請二尊大
菩薩、南無上中下三界天府地府水府嶽府人間王侯眾、南無志公
師梁武帝製造懺法奉請二尊大菩薩、南無金剛山三摩地壅護三洲
感應韋馱尊天眾菩薩、南無普渡山琉璃界尋聲救苦救難靈感觀音
大菩薩、南無鐵圍山炎魔界幽冥教主救苦地藏王菩薩、南無參三
寶護正法梵王帝釋八部護法龍天眾等十方三界一切佛）→灑淨
（持淨水灑淨）→宣疏（讀疏文以請佛證明功德）→回向。[47]又
據釋教法師表示，由於舉行拔渡法事的主要目的，是欲仰仗佛力
使亡靈超昇，並藉此報答親恩，所以在請佛時，孝眷人等要秉持
虔誠之心祈望諸神佛能不捨慈悲，恭降道場受香供養，以薦拔亡
靈至西方淨土，早登莊嚴無上之佛果菩提境。

　　(3)安灶：奉安東廚大帝於喪宅或壇外廚房，監督控管各項供
品、祭品、食物之料理。[48]

　　(4)引魂：釋教法師搖動靈旛與鈴鐸，召引原本仍在幽冥界
中、黃泉路上的亡者魂魄至功德道場，並誦唸〈召集真言〉，以
真言法力與鈴鐸聲響，惟願在天在地能聞召請以來臨，居聖居凡
也能仗神旛而引至，亡者舉手撥開生死路，翻身跳出鬼門關，親
赴三寶壇前領沾功德。再由孝眷人等派一人以兩枚硬幣擲筊，若
擲出聖筊，則表示亡者已至功德道場，然後遺族獻酒奠祭，迎接
亡者返家聞經受渡。

---

[47]　邱宜玲《臺灣北部釋教的儀式與音樂》，頁 74，國立臺灣師範大學音
　　　樂學研究所碩士論文，1995 年。
[48]　現今舉行法事時的餐飲多由外燴業者直接包辦，故壇場外無須設置廚
　　　房，又喪宅內的廚房多為隱密之處，一般喪家較不歡迎外人進入，因
　　　此許多釋教壇乾脆將此科儀省略，以免造成不必要的麻煩。

(5)沐浴：由一位孝眷（若亡者為男性則由孝男，亡者為女性則由孝女或媳婦）手持沾溼的毛巾向靈位擦拭，以象徵為其沐浴淨身。在進行沐浴儀式時，釋教法師會在一旁誦唸〈沐浴真言〉，使原本平凡無奇的臉盆水，能幻化成為「慧香薰就，性火烹來」的功德水。讓亡者以此水沐浴過後，蕩滌千性垢穢，滌除萬劫分亡，遠離五濁六塵，並使其不墮六道輪迴，而重整衣冠服飾，身心愉悅，內外無瑕，精成氣爽，獨露一心清淨，以便步上法壇皈依佛法僧三寶慈尊。

(6)頂禮：釋教法師先引領亡者在三寶壇中參禮神佛，皈依佛法僧三寶慈尊，皈依佛寶者可得清淨佛，以致不墮地獄道，皈依法寶者可得清淨法，以致不墮餓鬼道，皈依僧寶者可得清淨僧，以致不墮畜生道，皈依佛法僧三寶者，最終將證得無上大道。然後再代亡者懺悔與發願，向三寶慈尊傾訴亡者生前所造之諸般惡業，皆始於貪嗔痴所造，而今時此刻，亡者將一切皆懺悔。並發願祈求智慧真明，所有罪障消除，力行菩薩大道，從此改往修來，斷滅貪嗔痴，修持戒定慧，捨己身而證法身，從人道而皈佛道，達到引凡入聖的境界。

(7)安位：將代表亡者之魂帛安置在靈堂上，以示亡者重返家堂，等待接受拔渡超薦。

(8)打枉死城（詳細內容請參見第四章）。

(9)十王懺：誦唸《慈悲十王妙懺法》上、中、下卷，並唱誦回向偈及行給牒儀式，讓亡者在聞經受渡後，收執牒文以領沾功德。

(10)藥懺：亡者若是生前因久病而服用大量藥物，則必須由釋教法師禮誦《慈悲藥師寶懺》，舉行此科儀時，釋教法師會拿十顆雞蛋或鴨蛋，用黑筆在蛋殼上書寫各式中藥名，藉此以充當藥

味，並象徵是十全大補藥。常寫的有：當歸、生地、茯苓、川芎、桔梗、白芍、枸杞、紅花、肉桂、杜仲、川七、桂枝、陳皮、鹿茸、杏仁、川貝、高麗、白朮、麝香等。然後將蛋放在米斗內，再準備一只陶壺熬煮藥水，且由孝眷人等親手餵亡者服用藥水，祈求亡者在藥師琉璃光王佛的庇佑下，所有生前的病痛皆痊癒。當《慈悲藥師寶懺》拜誦完畢時，釋教法師會帶領孝眷人等手捧亡者魂帛在壇場內來回繞圈奔跑，藉此象徵亡者的身體已經健康，且能腳健手健地奔跑穿梭。在眾人於法壇內奔跑數十分鐘後，釋教法師會跑到法壇外，大力地將那只熬煮藥水用的陶壺摔破在地上，這表示在三寶慈尊與諸菩薩、仙佛的證明協助下，亡者將永遠不受病魔侵害，故將煮藥之器具摔破，因為日後不需要再使用了，整個儀式進行至此階段，才算大功告成。

(11)打血盆（詳細內容請參見第四章）。

(12)靈偈：此為漳州人特有之科儀，且多盛行於臺灣北部和東部地區，其意義略同於一朝拔渡法事中的「獻供」科儀[49]，只是獻供所獻的對象為壇場內之神佛，而靈偈則是對亡者和喪家的歷代九玄七祖獻祭。至於「靈偈」科儀的步驟則為：嘆亡、勸亡（藉景物嘆亡靈之辭世，並勸亡靈要修持）→獻香、茶、燈、花、酒、果、菜碗等祭品→回向[50]，當科儀進行中，釋教法師會不時扭腰

---

[49] 「獻供」科儀的步驟大致為：讚佛（禮讚世尊法相之莊嚴與天界妙境）→供養（供養三寶及合壇聖賢）→灑淨（繞壇灑淨並禮讚供養物之妙用）→獻供品（首座加持供品後，逐碗交家屬傳遞禮拜）→宣疏（讀疏文）→回向。詳細內容可參閱邱宜玲《臺灣北部釋教的儀式與音樂》，頁82~83，國立臺灣師範大學音樂學研究所碩士論文，1995年。

[50] 邱宜玲《臺灣北部釋教的儀式與音樂》，頁94~95，國立臺灣師範大學音樂學研究所碩士論文，1995年。

擺臀，手舞足蹈，以此逗樂孝眷人等。

(13)挑經（詳細內容請參見第四章）。

(14)過橋（詳細內容請參見第四章）。

(15)解結：人若遇到重要的人生關卡，且慌亂無助之際，往往只好依靠信仰的寄託，向慈悲的神佛許願，冀望祂們能關愛爐下的芸芸眾生，適時地伸出援手解危。依照民間的傳統習俗，凡許願則事後必須要還願，但人的一生中，許過的願望可能不計其數，有的願望曾還謝，有的願望則隨時間的洗禮而淡忘了，以致沒有還謝酬神。基於此，釋教法師考量到亡者生前可能也有願望未還謝，所以會在喪葬拔渡法事中安排「解結」科儀，藉由演法過程來為亡者還清生前曾許下的大小願望，林怡吟《臺灣北部釋教儀式之南曲研究》便對此科儀有以下的解釋：

> 又稱「開光解結」；開光辭神解願之意為亡者可能於生前在佛前許過許多願，但未必還過願，現在往生更無法還願，因此「開光解結」為幫助亡者謝願之意，即解亡者生前至寺廟所祈求的心願。[51]

又根據釋教法師表示，「解結」科儀尚有另一目的，即人非聖賢，故大錯或許不曾犯，但日常生活中的小過卻是不斷，而這些小過也算是錯事，日子一久，累積多了，也會致使天地難容。因此在「解結」科儀演法時，法師亦順道替亡者向神佛誠心懺悔，消弭生前的一切冤愆，使其身無罪業，自在解脫，往生極樂。「解結」

---

[51] 林怡吟《臺灣北部釋教儀式之南曲研究》，頁 28，國立臺北藝術大學音樂學系研究所碩士論文，2003 年。

科儀係由一位釋教法師於壇場內主持，邱宜玲《臺灣北部釋教的儀式與音樂》曾描述此科儀的演法過程：

> ……「解結」，即於佛前勸告亡靈懺悔，並寫七支火筆、拉五色線證明亡靈之冤愆口願已一一解除。[52]

邱氏更將「解結」科儀的步驟分為：讚誦、召請諸佛菩薩冥君（內容為讚誦如來、召請十殿閻君、召請如來、阿彌陀佛、觀音、地藏王菩薩）→灑淨（持淨水繞香後在壇內向四方澆灑）→代靈求赦（內容為勸靈懺悔、代靈求寬宥、讀疏文、稱佛號）→寫火筆（執火筆於空中書寫，每支火筆寫前有「腳步手路」之科，即「關目」，寫畢火筆交家屬）→結手印→解願（亡魂生前向神明曾許下的口願於此時均已解，拉五色線證明亡魂已解願）→迴向。[53]而筆者在花蓮縣從事田野調查所見，亦大致與引述之情形相同。但花蓮縣多數的釋教壇，為了縮短法事所需的時間，故慣將本科儀和過王、教嫺、還庫等儀式結合在一起演法，而有的釋教法師更把這些科儀合稱為「過王解結」、「解結教嫺」或「過王還庫」。

　(16)教嫺：因臺灣民間深信人往生後，在冥間仍有其一套生活方式，而陽世孝眷為了讓亡者在陰曹地府能夠生活舒適，所以往往會準備紙糊的房子、汽車、電視、冰箱、洗衣機，甚至輪椅等物品，燒給先人以表達孝心。此舉由來已久，以記錄日據時代臺地舊俗為主要內容的《臺灣風俗誌》中，即描述當時臺灣人的葬

---

[52] 邱宜玲《臺灣北部釋教的儀式與音樂》，頁 37，國立臺灣師範大學音樂學研究所碩士論文，1995 年。

[53] 邱宜玲《臺灣北部釋教的儀式與音樂》，頁 90~93，國立臺灣師範大學音樂學研究所碩士論文，1995 年。

儀過程有：

> 請「糊紙司阜」製作「紙厝」、「紙像」置在正廳，紙厝
> 是竹骨糊紙的房子，有中堂、右房、花楣、欄干、扁額等，
> 與真正房屋完全一樣。另作「靈厝」使死者靈魂居住，紙
> 厝內車馬、從僕齊備。做三旬、五旬的時候，既嫁未嫁的
> 女兒要製二十四孝山及金銀山，……四十九日或百日時請
> 僧道舉行「除靈」，將紙厝、紙像、靈厝、二十四孝山等
> 一併燒化，以為死者在天使用……[54]

而上述引文中所提到的「從僕」，乃專司服務的「陰間傭人」，
一般又俗稱「靈桌嫺」，係孝眷人等為盡孝心，故敬獻紙糊的人
偶給予亡者，讓人偶代替自己在冥府好好服侍亡者的生活起居，
以達到「事死如事生」的目的。依筆者田野調查所見，喪家通常
都會延請糊紙師傅製作兩尊「靈桌嫺」的人偶，一男一女，高度
各約二十公分，兩人皆作古裝打扮，男童身穿長袍馬掛，女嫺身
著鳳仙裝。雖然「靈桌嫺」的外形宛若真人，但畢竟是以色紙糊
製成的偶像，並無實際的血肉，所以釋教法師通常會利用解結或
入厝[55]科儀時，順道為這些人偶行「教嫺」的科儀，替祂們開光
點眼，以賦予其知覺。其演法過程，是由一位釋教法師手執兩炷
清香，此清香又稱為「香線筆」，法師運用此一法器來開光點眼，
以傳遞「生命能量」給「靈桌嫺」。在儀式進行的同時，法師還

---

[54] 片岡巖著，陳金田譯《臺灣風俗誌》，頁 33，臺北市：眾文圖書股份
有限公司，1996 年二版。

[55] 所謂的「入厝」科儀係指釋教法師為亡者之靈厝舉行落成儀式。

會叮嚀與告戒一些日常該注意的事項，希望「靈桌嫺」能牢牢記住，好好在陰間盡心盡力的照顧亡者。事實上，整個「教嫺」科儀可說是以「擬人」的方式來舉行，法師將紙糊的「靈桌嫺」當成是真正的生命個體，因此才會對祂們耳提面命，仔細囑咐生活上的大小事情。又因這項科儀的對象為「靈桌嫺」，其身份僅為亡者未來的奴僕，地位較卑下，法師在對祂們行法之時，無須如同朝禮神佛般恭敬，反倒是改以輕鬆的口氣，及平易的口語化文字述說。

(17)還庫：民間俗信人若要投胎轉世來凡間，必須先向坤府化形司之庫官商借庫錢，並各依所屬生肖之不同，而有商借金額大小之別。各生肖所屬曹官與商借庫錢金額為：子年出生（肖鼠者，即甲子、丙子、戊子、庚子、壬子）曹官杜大夫，商借庫錢八萬元整。丑年出生（肖牛者，即乙丑、丁丑、己丑、辛丑、癸丑）曹官李大夫，商借庫錢三十六萬元整。寅年出生（肖虎者，即甲寅、丙寅、戊寅、庚寅、壬寅）曹官袁大夫，商借庫錢十一萬元整。卯年出生（肖兔者，即乙卯、丁卯、己卯、辛卯、癸卯）曹官阮大夫，商借庫錢十萬元整。辰年出生（肖龍者，即甲辰、丙辰、戊辰、庚辰、壬辰）曹官柳大夫，商借庫錢十二萬元整。巳年出生（肖蛇者，即乙巳、丁巳、己巳、辛巳、癸巳）曹官朱大夫，商借庫錢九萬元整。午年出生（肖馬者，即甲午、丙午、戊午、庚午、壬午）曹官雷大夫，商借庫錢三十四萬元整。未年出生（肖羊者，即乙未、丁未、己未、辛未、癸未）曹官許大夫，商借庫錢十萬元整。申年出生（肖猴者，即甲申、丙申、戊申、庚申、壬申）曹官成大夫，商借庫錢七萬元整。酉年出生（肖雞者，即乙酉、丁酉、己酉、辛酉、癸酉）曹官紀大夫，商借庫錢七萬元整。戌年出生（肖狗者，即甲戌、丙戌、戊戌、庚戌、壬

戌）曹官曲大夫，商借庫錢六萬元整。亥年出生（肖豬者，即乙亥、丁亥、己亥、辛亥、癸亥）曹官田大夫，商借庫錢十三萬元整。所以死後要由孝眷人等代亡者焚燒足額之庫錢繳還，以助其往昇西天或投胎轉世。至於「還庫」科儀的步驟則為：

> 儀式間，釋教法師一人著黑色海青，持鈴鐘，唸經偈，宣讀載有庫錢數目及子孫姓名之牒文，請庫官時會唸往生咒、心經咒；……於空曠處焚燒庫錢，所有子孫手牽手圍起庫錢，以防止野鬼搶奪，此又稱「圍庫」。[56]

⒅謝壇：恭送諸神佛菩薩各歸本位寶座，其科儀步驟為：讚謝（讚謝佛、菩薩）→奉送（奉送三寶佛及合壇聖賢，法師並於此時說吉祥話）→化財（誦化財咒並焚燒金紙）→回向。[57]最後拆除法壇內的掛圖、聯對，收拾所有的法器，至此，整場冥路拔渡法事順利完成，功德圓滿。

第五節　小結

總結本章論述，可知臺灣釋教喪葬拔渡法事，若依舉行時機和目的來分類，大致分為入木功德（又稱「開冥路」、「開魂路」，為人往生之後的首壇拔渡法事）、七旬功德、出山功德三種，此外，尚有「百日功德」和「對年功德」，但並不多見。若按法事

---

[56] 林怡吟《臺灣北部釋教儀式之南曲研究》，頁 29，國立臺北藝術大學音樂學系研究所碩士論文，2003 年。
[57] 邱宜玲《臺灣北部釋教的儀式與音樂》，頁 100~101，國立臺灣師範大學音樂學研究所碩士論文，1995 年。

規模及進行時間之長短，則可分為「冥路」、「午夜」、「一朝」、「一朝宿啟」、「二朝」、「三朝」，其中「冥路」係規模最小的拔渡法事，而「二朝」規模以上的喪葬拔渡法事，因動員的人力、物力甚鉅，少有喪家有足夠能力舉行，故甚為罕見。至於釋教喪葬拔渡法事中的參與人員、樂器、服裝、壇場佈置、科儀程序等方面，各細節為：參與人員依職責可分為前場人員和後場人員兩類，前場人員包含有「首座」（或稱「中尊」，乃科儀的主導者，為地位最高的法師）、「正主懺」（或稱「正東」，為科儀的重要副手）、「副主懺」（或稱「正西」），及「副東」、「副西」（五人升壇行法時才有安排），後場人員則分為文邊（文場）和武邊（武場），文邊使用旋律樂器，武邊使用打擊樂器。旋律樂器有嗩吶（大吹）、噯仔（小吹）、洞簫、殼仔弦、三弦等，打擊樂器有單皮鼓、通鼓、大鼓、手鼓、扇鼓、響板（箍仔板）、銅鑼（大鑼）、餅鑼（小鑼）、響盞、雙音（兩音）、鈸（鈔仔）等。而釋教服裝與正信佛教近似，法師多著海青，有時還會披上袈裟，不過最大的特色為人人皆頭戴法帽，首座頭戴元寶狀的「大帽」，其餘法師則戴半圓形的「斧頭帽」或中空的「合掌帽」。釋教壇場又稱「三寶壇」或「功德場」，依懸掛之捲軸掛圖數量不同，分為「四桌」、「六桌」、「八桌」、「十桌」四種排場，一般壇場內皆懸掛有「三寶佛」和「十殿冥王」的捲軸掛圖，以此構築成演法展科的神聖空間。又科儀程序之內容，若以「冥路」規模為例，則有：發關、請佛、安灶、引魂、沐浴、頂禮、安位、打枉死城、十王懺、藥懺、打血盆、靈偈、挑經、過橋、解結、教媌、還庫、謝壇等，各科儀皆有其固定之步驟與儀式意義，而釋教法師更藉由科儀之演法來拔渡亡者，達到冥陽兩利的和諧境界。

第四章

釋教喪葬拔渡法事中「儀式戲劇」科儀之意義及其演法過程

　　由於本論文針對臺灣閩南釋教系統的「冥路」喪葬拔渡法事中，隸屬於「儀式戲劇」之科儀進行探究，但在尚未開始分析討論前，必須先釐清「儀式」與「戲劇」之間的關係？以及究竟何謂「儀式戲劇」？而釋教喪葬拔渡法事中又有哪些科儀帶有「儀式戲劇」之色彩？首先，「儀式」與「戲劇」在民俗活動中一向具有密切關係：

> 從其類型上說，二者是不同形態的文化。然而在民間社會
> 的宗教及民俗活動中，它們卻有著極其複雜和微妙的關
> 係。從各地歷史以來實際存在的事例中，無論道教或佛
> 教，都不乏儀式戲劇化或產生戲劇的現象；……兩種文化
> 形態在民俗活動中相輔相成，作為民俗文化連續體的兩
> 端，成為民俗社會生活重要組成的部分。[1]

可知「儀式」、「戲劇」兩者雖然形態不同，但卻因民俗活動而緊密結合，相互交融影響。至於所謂的「儀式戲劇」，則可理解為「儀式」之中融入「戲劇」的成分，並發展成為「儀式」性質濃厚的「戲劇」表演，關於「儀式戲劇」的定義，倪彩霞在《道教儀式與戲劇表演形態研究》裡有過以下的說明：

> ……儀式戲劇，指具有驅邪逐疫、祈福、超渡亡靈等宗教
> 功能的儀式性表演形式，有的已經發展成為一個地方劇

---

[1] 葉明生〈儀式與戲劇—民俗學的考察〉，收錄於《民俗曲藝》第一百二十九期，頁237，臺北市：財團法人施合鄭民俗文化基金會，2001年。

種，有的僅僅是一個劇目，甚至故事性還不很強，儀式戲
劇反映了從宗教儀式到戲劇藝術的過渡狀態。[2]

雖云「儀式戲劇」為一種表演形式，不過因：

> 儀式性戲劇從其開始便起於民間，與民間信仰緊密結
> 合，……戲劇僅是儀式的組成部分。如果脫離了儀式的環
> 境，背離了儀式的目的，便沒有儀式性戲劇可言。[3]

故要分辨何為「儀式戲劇」，則要先認定該活動是否為「儀式」，
接著再檢視此一「儀式」是否具備「戲劇」成分，若兩項條件皆
符合，當可名之為「儀式戲劇」。

　　依筆者訪談釋教法師所得的說明，在「冥路」規模之喪葬拔
渡法事的眾多科儀中，就以打枉死城、打血盆、挑經、過橋這四
項科儀，最具「戲劇」表演的色彩，而且可視為傳統民間「小戲」
的一環。所謂的「小戲」，曾永義先生曾有以下定義：

> 就是演員少至一個或三兩個，情節極為簡單，藝術形式尚
> 未脫離鄉土歌舞的戲曲之總稱；其具體特色是：就演員而
> 言，一人單演的叫「獨腳戲」，小旦小丑二腳合演的叫「二
> 小戲」，加上小生或另一旦腳的叫「三小戲」，劇種初起

---

[2] 倪彩霞《道教儀式與戲劇表演形態研究》，頁 236，中國廣東：廣東
　　高等教育出版社，2005 年一版。

[3] 王兆乾〈儀式性戲劇與觀賞性戲劇〉，收錄於《民俗曲藝》第一百三
　　十期，頁 155，臺北市：財團法人施合鄭民俗文化基金會，2001 年。

時女腳大抵皆由「男扮」；就妝扮歌舞而言，皆「土服土裝而踏謠」，意思是穿著當地人的常服，用土風舞的步法唱當地的歌謠。因為是「除地為場」來演出，所以叫做「落地掃」或「落地案」；而其「本事」不過是極簡單的鄉土瑣事，用以傳達鄉土情懷，往往出以滑稽笑鬧，保持唐戲「踏謠娘」和宋金雜劇「雜扮」的傳統。[4]

曾先生又曾就其構成條件加以分析：

「戲曲」一詞始於宋代，原是「戲文」的別稱，王國維始用為中國古典戲劇的總稱，舉凡「演員合歌舞以代言演故事」皆是。

……

「演員合歌舞以代言演故事」，細繹其所包涵之元素有演員、歌唱、舞蹈、代言、故事、表演和未見諸文字的表演場所等七項，而事實上這七項元素雖是構成戲曲的必備條件，但止能形成戲曲的雛型，也就是「小戲」，……[5]

由此可知，凡符合「演員合歌舞以代言演故事」之條件者即屬「小戲」。而打枉死城、打血盆、挑經、過橋這四項科儀，恰巧合於

---

[4] 曾永義《論說戲曲》，頁 247，臺北市：聯經出版事業公司，1997 年初版。

[5] 曾永義《俗文學概論》，頁 753，臺北市：三民書局股份有限公司，2003 年初版。

演員（釋教法師）、歌唱（各式唱詞）、舞蹈（出場關目）、代言（如打枉死城、打血盆、挑經代目連尊者、鬼將、土地公等，過橋代引路王）、故事（有固定的劇情安排）、表演（演出固定的劇情）、表演場所（壇場）這七項構成戲曲雛型的條件，所以可納入傳統民間「小戲」的範疇內。既然這四項科儀屬「小戲」，且科儀本身即為一種宗教「儀式」，故按上述「儀式戲劇」之定義與解釋，必可毫無疑問將打枉死城、打血盆、挑經、過橋視作「儀式戲劇」。基於此，本論文所欲處理的釋教喪葬拔渡法事之「儀式戲劇」研究，遂以打枉死城、打血盆、挑經、過橋四項科儀為對象。但因各科儀之意義及其過程屬較專業的層面，非一般人所能熟知，故筆者有義務於正式析論前，對這四項科儀逐一介紹，並兼述花蓮縣境內宜蘭派、西螺派和嘉義派之釋教壇，在舉行各科儀的實際狀況，好讓讀者能有初步的認識與瞭解。

第一節 科儀意義

一、打枉死城

有許多人在吵架時，常因情緒無法控制，遂咒罵對方「不得好死」，而這句話往往會讓人家火冒三丈，氣急敗壞，究竟怎樣的「死法」才算「不得好死」？又為何人們這麼忌諱「不得好死」呢？其實，非壽終正寢者皆為「不得好死」，也就是隸屬「不正常死亡」的一類，像是自殺、他殺或遭逢車禍、船難、空難、火災、墜樓等意外而命終，這些非壽終正寢者亦可稱為「橫死者」或「枉死者」。臺灣民間對於非壽終正寢者異常排斥，徐福全在《臺灣民間傳統喪葬儀節研究》中曾云：

……臺俗「冷喪不入莊（社）」，意謂凡卒於外地者（含
橫死及病死於醫院者），其屍或柩均不得入里門，須在里
門外搭棚停屍柩治喪，……古人酷信鬼神，固守此戒，無
敢犯者，故因病住院，一旦危急，家屬即刻辦理退院，以
期能入家廳壽終正寢，……降至今日，除橫死於外者恐其
帶煞氣危害活人，猶堅守「冷喪不入莊」外，其餘均可獲
得通融。[6]

由此可知，凡非壽終正寢的橫死之人，屍體恐有煞氣存在，所以
鄉民會力阻其屍柩入庄，以求自保。雖然目前已是科技時代，但
這種有關神鬼之說與「不可思議力量」的俗信，依舊被民間奉行
不悖，因此常人甚忌遭到詛咒「不得好死」，深怕自己無法在家
中安然地壽終正寢，而成為一個人人懼之唯恐不及的「橫死者」
或「枉死者」。

所幸現今臺灣各縣市皆有殯儀館，各大醫院亦有設立「往生
室」（俗稱「太平間」），故非壽終正寢的橫死之人，其屍體雖
無法運回家中治喪，但仍可暫時停柩於殯儀館或往生室。除了不
能依正常程序返家停柩外，非壽終正寢者的喪葬拔渡法事，在科
儀項目的安排上，亦與常人有著不同之處。曾景來在《臺灣的迷
信與陋習》中有云：

枉死者的靈魂會產生各種障礙，無法自由步行，就算其靈

---

[6] 徐福全《臺灣民間傳統喪葬儀節研究》，頁 34~35，作者自印，2001
年初版。

> 去到陰間，靈魂也會被監禁在枉死城內，沒有接受閻王審
> 判的資格，因此，無法到天堂或極樂世界去，當然也無法
> 轉世為人。所以，必須藉道士的法力，將其解救出來，使
> 其具有與一般死者同樣的資格。[7]

又根據多位釋教法師向筆者所作的解釋，在臺灣的傳統觀念中，
「橫死者」或「枉死者」悉為命不該絕，故此類亡者命終後會被
囚禁在「枉死城」中，迨禁錮至應享之年歲時，方可重獲自由。
陽世孝眷不忍親人長禁枉死城中，故往往會延請釋教法師行「打
枉死城」（又簡稱「打城」）科儀，藉目連尊者之神力攻破枉死
城，率孝眷人等保釋亡者出城。「打枉死城」之習俗由來已久，
成書於日據時代的《臺灣風俗誌》就已經有相關之記載：

> 俗傳地獄有枉死城。人被處死、毒斃、或縊死、自盡等時，
> 靈魂定會被閻王幽盡在枉死城。所以須要延僧人讀經向閻
> 王求赦罪，以便由枉死城救出。[8]

不過，「打枉死城」有其固定對象，並不是每一場喪葬拔渡法事
均有安排，且非壽終正寢者亦佔往生者中的少數，所以此科儀頗
為罕見。

---

[7]　曾景來《臺灣的迷信與陋習》，頁 76，臺北市：武陵出版有限公司，
　　1998 年初版。

[8]　片岡巖著，陳金田譯《臺灣風俗誌》，頁 681，臺北市：眾文圖書股
　　份有限公司，1996 年二版。

二、打血盆

「生育」是女人所擔負的重責大任，也是人生中最辛苦的經歷之一，因為有女性同胞們的偉大付出，「傳宗接代」的使命才能延續，人類的生命方可綿綿不絕。雖然「生育」是極神聖的大事，但在傳統觀念中，「生育」一事的背後卻也相對地帶有許多禁忌，吳瀛濤的《臺灣民俗》中就列出了不少與生育有關的禁忌：

> 忌「喜沖喜」，即孕婦不得進入未滿四個月之新婚房或月內房，喜沖喜，雙方均將發生意外。
>
> 孕婦忌食喜喪事之食料。
>
> 孕婦忌看喜喪事，忌手觸棺木，否則嬰兒夭折。
>
> 孕婦忌看傀儡戲，否則將產生無骨軟骨之畸形兒。
>
> 孕婦忌夜出，夜晚有黑虎神、白虎神，攔路奪胎
>
> 孕婦忌跨越用以牽縛牛馬的細繩，否則將致產期延誤至十二個月。亦忌跨越秤具，否則將致產期延致十六個月（按一臺斤為十六兩，因而言之）。
>
> 孕婦忌以剪刀剪東西，否則觸範胎神，將產無耳嬰兒。……
> [9]

除此之外，民間更深信孕婦生產時所流之血具有穢氣，是極汙濁、骯髒的，姑且不論此一觀念是否為男性沙文主義下的產物，但隨著長久的傳衍，它早已成了常民們牢不可破的「迷信」之一。

---

[9] 吳瀛濤《臺灣民俗》，頁 119~120，臺北市：眾文圖書股份有限公司，1994 年一版。

　　而在釋教喪葬拔渡法事中，無論規模大小，凡是亡者為女性，且曾生育過小孩，又子女仍健在者，就必須安排一場「打血盆」（又俗稱「打沙」）來為其救贖，《客家舊禮俗》一書中即有記載：

> 死儕若係女人，就愛拜血盆，和尚帶緊孝子，圍緊血盆來行，孝子孝女，行一步跪一下，又念唔知幾多感恩報德的說話，直到和尚跌准聖珓正止。[10]

舉行此科儀之目的乃因：

> 女性生產時所產生的污血，會隨著水溝排到河流中，因而觸犯了河神，平時又在河邊清洗污穢的衫褲，使得不知情的善男信女以此不淨的水燒茶貢獻給神佛，得罪了菩薩，因此在過世後亡魂將被困於血盆池（又稱「血盆城」）之中，由血盆池中的沙龜與沙蛇看管，所以必須藉由目連的法力將受困於血盆池中的亡魂救出，脫離血盆池地獄而超生佛地。[11]

不過上述說法與此一科儀之確切起因，經筆者與眾多釋教法師訪談後，得知主要乃根據《血盆經》中的記載而來，該部經之經文

---

[10] 張祖基等著《客家舊禮俗》，頁 157，臺北市：眾文圖書股份有限公司，1986 年一版。

[11] 林怡吟《臺灣北部釋教儀式之南曲研究》，頁 33~34，國立臺北藝術大學音樂學系研究所碩士論文，2003 年。

如下：

昔日目連尊者，時往羽州追陽縣見一血盆地獄，闊有八萬四千由旬，池中有一百二十件事，鐵樑鐵柱，鐵枷鐵鎖，只見南閻浮提，女人許多，披頭散髮長枷扭手，在地獄中受苦。鬼王獄卒，一日三度，將血勒教罪人吃，此日罪人不甘仗吃，遂被獄卒將棒打作叫聲。目連尊者悲哀，遂問獄主，因何不見南浮提，彼丈夫之人受此苦報，只見許多女人受其痛苦？獄主答師主不干丈夫之事，只是女人血露汙穢地神，並污穢衣裳，將去溪河洗滌，水流汙漫，世間之人，取水烹茶，供養諸聖，致含不淨，天神將軍札下名字，附在善惡簿中，侯至百年命終，受此苦報。目連尊者悲哀，遂問獄主，將何答阿娘產生之恩？出離血盆地獄之苦？獄主答師言，惟有小心孝順的男女，敬重三寶，更為阿娘持血盆齋三年十月，仍結血盆勝會，請僧將誦此經一藏，滿日懺散，便有般若舟載過奈何江岸，看血盆池中有五朵蓮花出現，罪人歡喜，心生慚愧，便得超生佛地。請大菩薩及目連尊者，啟告奉勸南閻浮提，善男信女，早覺悟修，大辨前程，莫教失乎，莫劫難復。佛說女人血盆經，若有人敬信心，書寫受持讀誦，令得三世父母，盡得昇天，受諸快樂，衣食自然，長命富貴。爾時龍天八部，人非人

等，皆大歡喜，信受奉行，作禮而退。[12]

基於此緣由，所以陽世子女為報答親恩，遂請釋教法師行「打血盆」科儀，由目連引領孝眷人等濟渡亡魂，並讓子女代母親飲血水，以此感念養育之情。[13]

三、挑經

臺灣釋教法師所主持的喪葬拔渡法事中，以「目連」為主角的科儀有打柱死城、打血盆、挑經三項，誠如上述，打柱死城與打血盆均有固定對象，並不是每一場喪葬拔渡法事均有此科儀。但「挑經」則除無嗣者不適用外[14]，其餘無論亡者是男是女，皆可安排「挑經」科儀的展演。事實上，「挑經」原為中國傳統目連戲的橋段之一，明鄭之珍的《目連救母勸善戲文》中，即有〈挑經挑母〉的劇目[15]，此外早在《目連救母勸善戲文》成書前便以

---

[12] 藏經書院編輯《續藏經》第八十七冊，頁 597，臺北市：新文豐出版公司，1993 年初版。

[13] 事實上，有部分釋教法師主張未生育之女性亡者亦需「打血盆」，其理由乃源於女性自青春期起便有「月經」，而月經所流之「經血」與生產所流之血水一樣，同屬會汙染天地的「穢血」，故未生育之女性亡者也會禁錮於「血盆池」中，因此要行「打血盆」科儀來為其救贖。但不同於一般「打血盆」之處，為未生育之女性亡者由於無親生子女，所以省略喝血水的儀式，僅由陽世親人保領亡者脫離「血盆池」。

[14] 因「挑經」科儀最後的程序是由釋教法師所扮演的「目連」與孝眷人等齊聲悲泣，而孝眷人等必須跪在目連面前拉籃，以示不忍親人上西天，但無嗣者沒有直系子女，為了避免無人拉籃的尷尬場面發生，故釋教法師會將此科儀省略。

[15] 明鄭之珍《目連救母勸善戲文》中卷，頁 63~64，臺北市：天一出版

流傳於浙江紹興一帶的「調腔目連戲」[16]，其戲文抄本中亦有〈挑經〉的劇目[17]，由此可知，「挑經」這一橋段在目連戲中的歷史已相當悠久。而這些目連戲中的「挑經」劇目內容大致相同，都是由扮演目連的演員一頭挑經書，一頭挑母親魂帛，動身前往西天，哀求佛祖超渡。在臺灣釋教喪葬拔渡法事中，釋教法師也仿傚傳統目連戲中的劇目橋段，順勢安排了一場「挑經」的科儀，藉由扮演目連的角色來為喪家孝眷人等代挑亡者前往西天。

而「挑經」在釋教法師的認知裡，是屬「外齣仔」[18]性質的科儀，也就是非固定性的一項節目，端視地方風俗與喪家要求而決定是否安排，例如邱宜玲《臺灣北部釋教的儀式與音樂》中，便將「挑經」列屬於「不固定科儀」，也就是可視法事規模或依喪家要求而增減的科儀[19]，林怡吟《臺灣北部釋教儀式之南曲研究》則將「挑經」歸列入「變換科儀」[20]，但定義亦同於邱宜玲所述。在釋教喪葬拔渡法事的科儀程序上，「挑經」通常是納入晚上節目，主要是因為「挑經」又被釋教法師認為是場「儀式戲

社，出版年代不詳）。

[16] 筆明校訂《調腔目連戲咸豐庚申年抄本》，頁 13，臺北市：財團法人施合鄭民俗文化基金會，1997 年初版。

[17] 同上註，頁 363~365。

[18] 關於「外齣仔」一詞的由來，根據釋教法師對筆者所做的解釋，係因釋教法師慣稱科儀為「齣頭」，但像挑經等非固定安排的科儀，乃歸屬於正式「齣頭」（科儀）之外，故稱為「外齣仔」。

[19] 邱宜玲《臺灣北部釋教的儀式與音樂》，頁 37~38，國立臺灣師範大學音樂學研究所碩士論文，1995 年。

[20] 林怡吟《臺灣北部釋教儀式之南曲研究》，頁 29，國立臺北藝術大學音樂學系研究所碩士論文，2003 年。

劇」，既然是場「戲」，就必須有觀眾，而且觀眾要愈多愈好，
晚上喪家的街坊鄰居、親朋好友較為閒暇，將「挑經」安排於此
時展演，方能吸引人潮觀賞。又「挑經」雖歸於科儀的一環，但
其主要目的是「勸孝」，宗教性略遜於其他科儀，因拔渡法事主
要欲以經懺的不可思議功德力，引渡亡者超昇西方極樂世界，所
以誦唸經懺當然要排在第一順位，因此往往在發關、請佛、安灶、
引魂、沐浴、頂禮、安靈等預備性工作完成後，隨即接著誦唸經
懺，好讓亡者聞經受渡。基於此，「挑經」若與誦唸經懺相比，
其重要性仍稍嫌不足，只好安排在晚上的時間進行，以免喧賓奪
主。

四、過橋

　　「橋」是一種為方便兩岸交通往來的建築物，在現實世界中
到處都可見到它的蹤跡，而在中國人的幽冥觀念裡，要通往地府
的入口處也設有一座橋，這座橋名為「奈何橋」，相傳每個人去
世之後皆須於此橋上走過一遭，所以「奈何橋」可說是陽間與陰
間的中介管道。因為「奈何橋」係往生者必經之途，故釋教法師
會在喪葬拔渡法事中安排一項「過橋」科儀，藉此帶領亡者安然
步過，而關於這項科儀的演法情形，歷來的研究者也多有描述，
如邱宜玲《臺灣北部釋教的儀式與音樂》：

　　……引魂過奈何橋，前座與鼓手以過橋景物為內容互相答
　　問，家屬焚冥紙。漳州人以一懸於科儀桌及魂身桌之白布
　　條象徵之，泉州人以覆以白布之木箱表之，儀式末段為「和

尚」率家屬（捧魂帛）過橋。[21]

陳運棟《臺灣的客家禮俗》：

> 在功德廠前曠地用大板凳及八仙桌連綴成橋狀，其講究
> 的，則在桌上兩旁用白布結成欄干，又於頭尾兩端結成橋
> 門。橋頭分站紙紮身高盈丈的牛頭馬面兩個，手執鋼叉，
> 突眼獠牙，面目猙獰，作把守狀。橋尾分站紙紮身高三尺
> 的金童玉女兩個，油頭粉面，嫣然含笑，作迎接狀。表演
> 街頭劇收場，法師首先坐在橋頭唱道情詞，把父母生育之
> 恩，和目連救母、劉全進瓜、唐僧取經的種種故事，用山
> 歌小調慢聲唱出。……待道情詞唱完，法師手執魂帛前
> 導，孝子跟後，魚貫而行，法師唱、白交作，引魂過橋，
> 把望鄉臺、奈何橋的種種風光，和所見的種種鬼趣，曲曲
> 傳出，令人聽來，不禁毛骨悚然。蹊蹺往來，經過七次，
> 表示過了七洲橋，亡靈已到了陰司，便告結束。[22]

徐福全《臺灣民間傳統喪葬儀節研究》：

> 第一次做功德所過之橋為奈何橋，以二桌象橋墩、一匹布
> 象橋面，將魂帛在布上晃動象徵過橋，相傳奈何橋下有銅

---

[21] 邱宜玲《臺灣北部釋教的儀式與音樂》，頁 38，國立臺灣師範大學音樂學研究所碩士論文，1995 年。

[22] 陳運棟《臺灣的客家禮俗》，頁 79~80，臺北市：臺原出版社，1999年一版。

蛇鐵狗，極為兇猛恐怖。[23]

林怡吟《臺灣北部釋教儀式之南曲研究》：

> ……奈何橋為人過世後第一個關口，此儀式是為了讓亡魂
> 能順利通行。漳州人以懸在科儀桌及魂身桌間的白布條象
> 徵奈何橋，泉州人以白布覆蓋在木箱上象徵奈何橋，所以
> 有「漳州人過軟橋、泉州人過硬橋」的說法。儀式末段，
> 釋教法師帶領亡者家屬，長子捧著魂帛、後一人捧著香爐
> 過橋。[24]

又根據多位釋教法師向筆者所作之解釋，「過橋」等於是在幫亡者開路，因此亡者的首場拔渡法事必定要做此項科儀，這樣一來，亡者才不會茫然不知所措。

依筆者在實地田野調查所見，花蓮縣閩南釋教系統的「過橋」科儀，大致亦分為宜蘭派與西螺派、嘉義派兩種類型，前者僅由兩位釋教法師於壇場吟唱對答，介紹冥府路關的各項景致，演法形式較為呆板單調。後者則是由一位釋教法師手持幢旛，引領孝眷人等手捧亡者魂帛於壇場內繞行，並不時與後場樂師以詼諧幽默的口吻相互問答，過程輕鬆活潑，較具可看性和豐富性，故本論文遂以西螺派及嘉義派的「過橋」科儀為研究論述之對象。

---

[23] 徐福全《臺灣民間傳統喪葬儀節研究》，頁 188，作者自印，2001 年初版。

[24] 林怡吟《臺灣北部釋教儀式之南曲研究》，頁 32，國立臺北藝術大學音樂學系研究所碩士論文，2003 年。

第二節　科儀過程

一、打枉死城、打血盆

　　雖然打枉死城和打血盆各有其固定對象，但兩者的目的卻近似，皆為救贖陽世孝眷人等的親魂，使亡者從枉死城或血盆池中被保釋出來，能與親人陰陽相會，並領沾拔渡法事的經懺功德，再由神佛菩薩接往生方。因此，釋教法師在展演兩項科儀時，所進行的方式幾乎完全一致，唯一的差別僅在法器和場地佈置略有不同，即打枉死城要準備一座紙糊的「枉死城」，打血盆則要以沙土堆砌成「血盆池」。打枉死城所用之「枉死城」，其造型為中空狀的四方體，四個立面均繪有城門，並分別書寫著東門、南門、西門、北門，四個對角上亦各插有一面三角形的令旗，在科儀展演的過程中，便以這具體而微的紙城來象徵陰間幽深莫測的城牢。至於打血盆的「血盆池」，依筆者田野調查所見，閩南釋教系統中所構築的造型可分為北部（包含北部派、宜蘭派、永定派）及中部（包含中部派、西螺派、嘉義派）兩種，兩者之「血盆池」都用沙土堆砌，可是北部的外型為沙龜、沙蛇盤旋交錯，而中部則只有沙蛇圍繞。但無論外型為何，沙土的中央必放置一碗血水[25]，藉以代表亡者因生育所流之汙血。經由各項法器的安排佈置，釋教法師將原本屬於神聖空間的壇場，巧妙地幻化成冥府地獄的景致，也因如此的轉境運用，釋教法師才能順利地演法「攻打」，為陽世孝眷救贖親魂。

　　誠如上述，打枉死城、打血盆的科儀細節近似，其程序大致

---

[25] 古時的血水是以食用紅色色素（俗稱「紅番仔米」）混水調製而成，但現今各地多已改用維士比、蕃茄汁等紅色的飲料代替。

分為以下的步驟：首先由一位釋教法師舉行「安獄」儀式，讓紙糊的「枉死城」與沙土堆砌成的「血盆池」透過儀式的轉化，因而負有不可思議的信仰使命，接著法師率孝眷人等至靈堂迎請亡者魂帛至壇場內，並安奉在枉死城或血盆池的中央，以示亡者遭禁錮其中。[26]迨「安獄」完畢，扮演「目連尊者」的釋教法師便迅速出場，且手持一支「六環金錫杖」[27]於壇場內走位舞弄，據釋教法師表示，此舉主要是為了「展威」，營造目連尊者的出場氣勢，另一方面也藉由耍弄錫杖來增加科儀的精彩程度，順便娛悅一下現場的孝眷人等和圍觀群眾。舞畢後，目連尊者便自報家門，並述說來此之目的為何，以下茲舉一例打血盆之口白如下：

> 小僧吾乃是西天降下目連尊者便是，家住在蘇州府甘霖縣，姓傳名羅卜，不戀功名，吾祖公三代吃齋，七代吃菜，早昇天界而去，但吾母親劉氏青提夫人殺了烏狗公來破戒。為人子過了十月懷胎，三年彌哺之恩，該來報本，所以來去靈山追隨佛祖世尊，看經唸佛，打掃佛堂。佛祖說

---

[26] 事實上，筆者訪談過的釋教法師中，絕大多數的人對於先築「枉死城」和「血盆池」，然後再將亡者魂帛安奉其中，以示亡者遭禁錮之舉，亦表頗不認同。因為這樣的做法無非是「無中生有」，也就是原本代表亡者的魂帛好端端地安奉在靈堂上，但現在為了舉行科儀的需要，只好將其迎請到壇場內「禁錮」，可是為了讓整個科儀有辦法順利進行下去，所以就算不認同，也只能沿襲固有的傳統模式，繼續這樣「無中生有」下去。

[27] 「六環金錫杖」簡稱「錫杖」，杖高約 120 公分，以錫材打造而成，最前端呈葫蘆形，左右兩側各懸掛有三個圓環，據釋教法師表示，「六環金錫杖」乃打枉死城和打血盆科儀中最重要的一項法器。

得有令，目連僧！目連僧！你自己的娘親有難能救，昇天
而去，今夜間亡魂顯妣閨名○○○媽○氏一位正魂，登仙
別世，不憐救她，有難下來。念同小僧出家為本，方便為
門，今夜間迢迢下山而來，救苦不為別代，為了佛天門下，
裟婆世界，南瞻部洲，今據大中華民國臺灣省○○縣○○
鄉○○村○○路○○號，孝舍吉地居住，奉佛宣經禮懺，
求薦拔渡親魂，舉行出殯功德，開通冥路，救罪解愆。陽
世報恩孝男○○、孝女○○偕合家孝眷人等，哀哀苦苦，
慟念亡者顯妣閨名○○○媽○氏一位正魂，元命生於民國
○○年○月○○日○時來受生，享壽○○歲，不幸亡於民
國○○年○月○○日○時來登仙別世，魂歸北府，魄往南
柯，有去無回，難得再見。涓此本月○○日，孝眷人等大
大小小有孝心，請僧到家，開啟午夜功德，宣讀慈悲妙典
寶懺，言言滅罪，句句消愆，仰叩佛恩，哀求超渡。今則
懺功宣誦已圓滿，庫錢冥財未有奠納，三寶虛空壇前造起
這血盆池一大座，亡魂在血盆池中受苦不能昇天，待吾小
僧看在日子清吉，小僧頭戴毘盧，身穿金蘭袈裟，手持六
環金錫杖，入血盆池中救贖亡魂。[28]

　　而目連尊者自我介紹完後的演法形式，按田野調查所見，宜
蘭派與西螺派、嘉義派之過程順序略有不同。宜蘭派的順序是目

---

[28] 資料來源為 2005.5.24 花蓮縣吉安鄉吉安村劉府冥路出山功德錄音。

連尊者先走到「黃泉路」，看到路上鬼火炎炎，鬼聲怨怨，想到歷代英雄好漢無論功績如何彪炳，可是最終皆難逃一死，不由得感傷哭泣起來。過了黃泉路，目連尊者又途經「奈何橋」及「望鄉臺」，然後施法放毫光，手振錫杖打開鬼門關，並遇到把守關門的鬼卒，鬼卒為了不讓目連尊者通過關門，遂詢問鬼門關上的「生、老、病、死、苦」五個大字意義為何？此時，目連尊者便吟唱「五傷悲」[29]來一一解釋，且得到鬼卒放行。經過路途奔波，目連尊者終於來到「血盆池」（或「枉死城」），一開始，先到東門關尋找亡者，目連尊者以錫杖打破關門，但因未尋得亡者，所以轉往南門關繼續找尋，如此逐一攻破南、西、北四方關門，最後來到中門關時才找到亡者，並引領陽世孝眷人等（打血盆則為亡者之親生子女）來保領亡者。若為打枉死城，則亡者被保領後，目連尊者會率孝眷手捧魂帛入壇場內，藉此象徵亡者已往生西方，脫離囚禁枉死城之苦。反之，若為打血盆，則亡者被保領後，目連尊者會將血盆池中裝有血水的磁碗，交給亡者的親生子女，並要他們代為喝下血水，藉此替母親救贖。等到上述儀式結束，目連尊者再持錫杖擊毀整座「枉死城」或「血盆池」，以免往後還有亡者必須在此受苦。

　　至於西螺派和嘉義派的順序，則是先由一位扮演冥府鬼卒的

---

[29] 「五傷悲」的內容分別為：（生）生我離娘胎，鐵樹花開，皆將一命送將來，仰答天神多護佑，得此人才。（老）髮白老來催，漸覺萎衰，腰駝背曲步難行，耳聾不聽人言語，眼怕風吹。（病）得病苦傷悲，倒在床中，渾身骨節痛相隨，曉夜不睡連聲叫，妙藥難醫。（死）命盡死來催，不顧妻兒，頭南腳北手東西，家有黃金帶不去，死伴土堆。（苦）魂魄到陰司，苦嘆恓惶，眼中流淚濕衣裳，上告閻王慈悲主，早判西方。

法師出場，此鬼卒頭戴駭人的吐舌面具，走路搖搖擺擺，一晃一晃，自云奉鬼門關大王之命，巡察城池順道遊山玩水。隨後，目連尊者與鬼卒碰面，並表達欲入鬼門關救贖亡者之意，但鬼卒要求目連尊者將鬼門關上的「生、老、病、死、苦」五個大字解釋一遍，迨目連尊者一一詳述完畢，鬼卒便欣然同意放行。緊接著，目連尊者經過「黃泉路」、「奈何橋」及「望鄉臺」，且於「鐵圍山」前巧遇黃衣使者，此時黃衣使者正引領陽世孝眷人等（打血盆則為亡者之親生子女）到酆都城找尋亡者，當雙方寒暄過後，改由目連尊者帶領孝眷前往。不久，大夥便來到「血盆池」（或「枉死城」），其演法形式亦同於宜蘭派，即目連尊者到東、南、西、北四個關門尋找亡者，並以錫杖一一打破關門，可是都徒勞無功，等到至中門關時才順利尋獲。至此，若為打枉死城，則後續之儀式程序與宜蘭派相同，也就是保領完後便引魂帛入壇場內。但若為打血盆，目連尊者便會先要求亡者的親生子女飲下血水，再保領亡者出血盆池，並與孝眷陰陽相會。而最後的儀式也與宜蘭派相同，均由目連尊者持錫杖擊毀整座「枉死城」或「血盆池」，再持咒回向予亡者，使其速往無量佛光剎。

二、挑經

　　誠如上一節所述，臺灣釋教喪葬拔渡法事的「挑經」科儀，係仿傚自中國傳統目連戲中的劇目橋段，有關歷來「挑經」之展演方式，可從民間流傳的劇目抄本和通俗寶卷之文句記載觀得一二，如《調腔目連戲咸豐庚申年抄本》的〈挑經〉中，目連出場後即自云：

　　　　拋離鄉土，為我母，敢辭勞苦。設度籤，古人訴，回首孤

墳，又只見白雲封護。為母向前行，望爹還後顧。去如兩
情，鋼刀難剖。罷罷罷！父埋在土，母挑在經，曾攆前行。
行一步路來唸一聲佛，阿彌陀佛。唸一聲佛叫一聲母，我
那親娘。娘向前是背了經，經向前是背了母。仔細思想難
擺佈，我只得把擔兒去橫挑著走。娘吓！只因你死得恁
凶，因此上挑經挑母趲程途。既能夠得到西天，見了活佛，
哀告慈悲，阿彌陀佛，我那娘吓！望發慈悲超渡，超渡娘
親，脫離陰司地府。[30]

《三世因果目連救母》亦云：

却說目連自從母親死後，日夜啼哭，難捨母親，不知可曾
到西天有好處否？心中憂愁不定，那日在佛前參拜，思欲
尋到西天，相會母親，方纔放心。隨即收拾衣服，打成兩
個包袱，一頭包定經卷，一頭包定母親靈牌，拜別大眾動
身。在路曉行夜宿，饑餐渴飲，千辛萬苦，作偈為證：
目連西天去尋母，肩挑經擔曉夜行。受盡風霜無埋怨，為
母劬勞養育恩。
擔經向前恐污母，擔母向前污了經。仔細思量無擺佈，橫
挑經擔向前行。[31]

---

[30] 肇明校訂《調腔目連戲咸豐庚申年抄本》，頁 363，臺北市：財團法
人施合鄭民俗文化基金會，1997 年初版。

[31] 不註撰人《三世因果目連救母》，頁 15，出版者、出版年代皆不詳。

由此可知，這些「挑經」文本所呈現的意義及表演過程都大略相同，無非是飾演目連的演員以一頭挑著經書，一頭挑著母親魂帛出場，主要目的皆是要前往西天哀求佛祖大發慈悲來超渡母魂。

「挑經」科儀因為是源自傳統目連戲的橋段，所以其表演模式也依循民間流傳的故事情節為主，但其中之口白、唱唸則是各個釋教壇皆異，完全視各壇所承襲之科儀抄本與主演者之學識涵養而決定，具有濃厚地活潑性與不固定性。不過常見的表演情節大致為目連先報家門，自述為何方人氏，因途經本地時，見功德場內孝眷人等孝心動天，遂決定代挑亡者上西天，茲舉一例口白如下：

> 小僧姓傅目連僧，三代吃菜達天庭，陽間積善為第一，冥府能免受苦凌。小僧姓傅名羅卜，僧號叫做目連，家住在天津府雷陽縣七里鄉白家村，我爹親姓傅名相，家財萬貫，當初時喜捨白米三千石，救濟貧苦，我七祖九代，持齋受戒，登上天堂，逍遙自在。母親劉氏世真就苦慘，不幸身染一病，誤聽母舅劉賈讒言，在後花園殺狗破戒，不幸一命因在十八層地獄裡，受盡千般的苦楚，萬般的凌遲。我上蒙佛祖的指點，若要救母出苦輪，就要勤誦佛經，今暝來到此地，本著出家人慈悲為懷，方便為門，一起挑著○家孝子人等的○（父或母）魂同往西天，投靠我佛。
>
> [32]

---

[32] 資料來源為 2005.4.18 花蓮縣新城鄉順安村林府冥路出山功德錄音。

接著土地公出場表演雜唸歌唱，以好話祝福孝眷人等，隨後目連巧遇土地公，且因迷失於東、中、西三條大路，而向土地公詢問何路可通往西方佛國，土地公告知東、中二條路上處處危機，只有走西方大路才能抵達，並使亡者順利超昇極樂世界。迨土地公退場後，目連便唱唸二十四孝（男喪）、十月懷胎（女喪）或勸世文，唱畢，按古禮向孝眷人等討紅包，目連亦回贈好話祝福。最後目連與孝眷人等齊聲悲泣，孝眷人等跪在目連面前拉籃，以示不忍親人上西天，這也是整場挑經的最高潮之處，昔日鄉民更慣以孝眷人等的悲泣程度，評議亡者子女之孝心，可見挑經深受人們的重視。

　　在挑經的角色分配上，有實際出場表演者及幕後幫腔者兩種，上述的目連和土地公屬前一種，後場的打鼓先生則為後一種，實際出場表演者有扮相與動作，而幕後幫腔者只需負責適時應答，並於固定斷句時唱唸「彌阿陀佛，南無阿彌陀佛，彌陀阿佛」即可。關於挑經中角色的扮相，全臺各地的釋教壇大致統一，演目連者頭戴大帽或合掌帽，身穿海青，肩挑竹竿，一頭懸掛經書，一頭懸掛謝籃，籃中放置亡者魂帛。演土地公者頭戴白鬚老翁面具，身穿海青，手拄拐杖，走路搖搖擺擺，一副耄耋長者模樣。整場表演中，目連的戲份最重，屬唯一主角，情節的高低起伏亦由他主導，土地公與打鼓先生只是配角，以插科打諢為主要表演形式。又部分釋教壇為精簡演出規模，乾脆將土地公省略，僅由目連上場演獨角戲，打鼓先生也不幫腔應答，只在固定斷句唱唸而已。在筆者觀察過的多場挑經中，當目連或土地公於某些橋段表演時，現場參與的孝眷人等及旁觀的街坊鄰居、親朋好友，也會刻意地插嘴幫腔，甚至以話語營造笑點，增加了挑經的精彩程度。而挑經的拉籃橋段裡，雖然目連是主導氣氛的要素，

但若少了孝眷人等的至誠悲泣，這足以讓旁人同聲慟哀的高潮劇情，也將無法完美呈現。故可以這麼說，除了目連、土地公、打鼓先生三個幕前幕後的演出者外，現場的全體男女老幼，也都在挑經的表演中摻了一腳。

三、過橋

　　西螺派及嘉義派的午夜功德中之「過橋」科儀，是以白布充作奈何橋，但布面上鋪有金紙和銀紙，此舉依釋教法師表示，主要是在釋教的傳統觀念中，亡者過世後到陰間所過的橋不只一座，除奈何橋外，尚有「金橋」和「銀橋」，這兩座橋亦須在法師的帶領下，亡者方可安然通行。基本上，法師要帶領亡者過這三座全然不同的橋，應該各有其專屬之演法科儀與時機，不過向來花蓮縣的地方風俗，喪家慣啟建一場冥路規模的「出山功德」而已，為精簡科儀流程，故以金紙象徵「金橋」，銀紙象徵「銀橋」，三座橋合為一體，以求經濟。而布面下放有一盆水和七盞油燈，而這兩項物品在此科儀中亦有其隱含之意義，即水係代表奈何橋下的潺潺溪水，油燈則當成陰間的路燈。據釋教法師的解釋，陰間與陽間最大的不同之處，乃是陽間有分白天和夜晚，但陰間並無此一時間分別，永遠都是黑暗一片，又亡者從來沒到過陰間，對那裡的路況也不熟悉，所以用油燈來充當路燈，化到陰府，一燈化十燈，十燈化百燈，百燈化做千千萬萬燈，使亡者能看清楚眼前的一切景物。

　　過橋科儀僅由一位釋教法師演法，一開始，法師會先灑淨水來清淨，此舉使原本平凡無奇的白布，轉化成為溝通陰陽兩界的奈何橋。接著法師對在場眾人自我介紹，表示自己的身份乃「引

路王」，現在遵奉釋迦牟尼佛的命令，到此地引渡亡者過橋，並順便描述奈何橋的外觀，例如：

> 來到奈何橋頭真正是好景緻，頂有琉璃瓦，下有金銀鋪磚，兩邊有欄杆結彩，十分華麗。[33]

然後法師手執幢旛，帶領捧著亡者魂帛的孝眷人等繞布橋而行，在眾人繞行的同時，法師邊走邊唱路關，以淺顯易懂的文句介紹冥府各路關的特色。依釋教行內流傳的科儀本中記載，冥府的路關共有十個，分別為：

(1)第一關琉璃嶺：一拜拜禮琉璃嶺，琉璃嶺上路難行。得亡畏是亡靈愁，幾時得過琉璃嶺。

(2)第二關雪山嶺：二拜拜禮雪山嶺，雪山嶺上居判官。交簿判官來喝問，低頭下拜淚雙垂。

(3)第三關蘿居嶺：三拜拜禮蘿居嶺，蘿居嶺上路難行。得亡畏是得亡愁，幾時得過蘿居嶺。

(4)第四關餓狗崗：四拜拜禮餓狗崗，餓狗咬人罪難當。手提飯圓餓狗食，手執桃枝趕餓狗。

(5)第五關蜈蚣江：五拜拜禮蜈蚣江，蜈蚣炎炎驚亡行。一尾二尾起火炎，驚得亡魂心頭酸。

(6)第六關蛇頭崗：六拜拜禮蛇頭崗，蛇頭管下在路傍。蛇頭擔起高三尺，蛇尾拔來丈三圍。

(7)第七關猛虎崗：七拜拜禮猛虎崗，猛虎開嘴愛咬人。口似火盆牙利劍，驚得亡靈心頭酸。

---

[33] 資料來源為 2005.12.7 花蓮縣壽豐鄉豐山村張府冥路出山功德錄音。

(8)第八關渡子江：八拜拜禮渡子江，渡子掌船載亡人。海水深深波浪急，湧河湧海水泡天。

(9)第九關梭桃村：九拜拜禮梭桃村，梭桃樹下脫衣裳。牛頭獄卒無笑面，驚得亡魂心膽酸。

(10)第十關泰山門：十拜拜禮泰山門，泰山門上掛金牌。金牌榜上註亡姓，金牌榜上註亡名。

除了介紹冥府路關外，引路王還會跟後場樂師以相互問答的方式，將陰間的各項景物逐一講解，例如「無煩惱樹」、「菩陀樹」、「福祿樹」、金山（兒子山）、銀山（女兒山）等。但在演法過程中，引路王又不時要求孝眷人等把零錢投進布面下的水盆內，或是將鈔票一張張鋪在布面上，每當孝眷人等投錢時，引路王與後場樂師亦回贈好話予以祝福。如此一趟趟的反覆繞行，並唱完全部的路關後，引路王率孝眷人等便合力恭捧亡者的魂帛通過布面上，藉此象徵亡者安然通過奈何橋及金橋、銀橋，順利超生西天。

第三節　小結

統合此章論述，因「儀式戲劇」可視為「儀式」之中融入「戲劇」的成分，並發展成為「儀式」性質濃厚的「戲劇」表演，又一活動若為「儀式」，並具備適當的「戲劇」成分，便當可名之為「儀式戲劇」。在臺灣閩南釋教系統的「冥路」喪葬拔渡法事中，打枉死城、打血盆、挑經、過橋這四項科儀，由於皆合於演員、歌唱、舞蹈、代言、故事、表演、表演場所這七項構成戲曲雛型的條件，所以能納入傳統民間「小戲」的範疇內，因此按「儀式戲劇」之定義與解釋，可將四者視作「儀式戲劇」。至於各科

儀之意義與過程，「打枉死城」的對象是遭囚禁在「枉死城」中的「橫死者」或「枉死者」，「打血盆」的對象則是曾生育而被禁錮於「血盆池」內的女性亡者，兩項科儀的對象雖然不同，但其意義皆為孝眷人等欲保領亡者離開「枉死城」或「血盆池」，以濟渡亡者，還報親恩。「挑經」係釋教法師仿傚傳統目連戲之劇目橋段而產生的科儀，乃藉由扮演目連的角色來為遺族代挑亡者前往西天，在科儀的過程中，釋教法師還會唱唸二十四孝（男喪）、十月懷胎（女喪）或勸世文，另安排土地公與打鼓先生來插科打諢，以營造笑點娛樂眾人。「過橋」則由「引路王」帶領孝眷人等引渡亡者過橋，並邊走邊唱路關，介紹冥府各路關的特色，當該科儀進行完畢，亦象徵亡者已安渡極樂世界。

第五章

「儀式戲劇」科儀之儀式意義

　　打枉死城、打血盆、挑經或過橋都是臺灣釋教喪葬拔渡法事中的「科儀」，關於「科儀」一詞的字面解釋，《說文解字》云：「科：程也」[1]，「儀：度也」[2]，而段玉裁又下注云：「度，法制也」[3]，可知「科儀」為一種固定之程式法制。「科儀」原為道教之慣用詞彙，《中國道教大辭典》中所作的解釋為：

> 科即程式，俗云「照本宣科」，即是本一定程序敷演如儀。儀，為典章制度的禮節程序、法式、禮節、儀式等，如常說的「行禮如儀」。道教徒做道場法事的規矩程序，依不同法事定的不同形式，按一定法事形式準則做道場叫「依科闡事」即名科儀。[4]

而吳永猛、謝聰輝合著的《臺灣民間信仰儀式》亦云：

> 道教之所以用「科儀」一詞，乃因科字本義即有秩序、程式的內涵，早期道科經戒乃作為奉道信徒所要遵循的行為準則。其在儀式運用的內涵層次：「科戒」表現於齋潔守戒，遵守道場儀禮的相關規定，並確實依照傳承道法以荐誠接真；「科介」即呈現儀式中的動作象徵與音樂節奏，

---

[1] 漢許慎撰，清段玉裁注《說文解字注》，頁 330，臺北市：洪葉文化事業有限公司，1998 年初版。

[2] 同上註，頁 379。

[3] 同上註。

[4] 閔智亭、李養正主編《中國道教大辭典》，頁 795，臺中市：東久出版公司，1999 年初版。

強調威儀莊嚴肅穆、舉止優雅與應律合節;「科範」則指
依科行儀禮敬,依格書章呈文,表現豐富的教義教理內
涵,以及傳承久遠的科法規範。[5]

雖然「科儀」一詞多使用於道教的各類法事名稱,且上述兩則引
文也係屬道教之釋義,但釋教與道教同為中國傳統民間宗教,且
性質有相近之處,釋教法師也借用「科儀」一詞來稱呼其各類法
事項目,故道教對於「科儀」的釋義,當可運用於釋教之上。

　　從上文之釋義得知「科儀」實為一種「儀式」,具有儀式的
內涵與形式,至於「儀式」之實質意義,則為:

　　……指禮儀進行的程序與形式,乃透過一套參與者所共同
　　信賴的儀節規範,來實踐所欲達成的內涵與功能。前者即
　　「禮文」,包含外在具象的動作行為、特定時間、場所空
　　間、器物圖像、服裝儀容與聲音節奏等形式表現;後者即
　　「禮意」,乃是無形內在的情意內涵與義理價值,以建構
　　其象徵系統,指導其儀軌結構,落實儀式所要完成的功
　　能。[6]

所以可說「儀式」乃藉某種程序或形式的儀節規範,來達成其最
終所欲追求的功能和目的。釐清「科儀」與「儀式」兩者間的關

---

[5]　吳永猛、謝聰輝合著《臺灣民間信仰儀式》,頁 3,臺北蘆洲:國立
　　空中大學,2005 年初版。

[6]　同上註。

係後，我們可知各種「科儀」皆為特定之「儀式」，而這些「儀式」更有其恆之不變的目的存在。同理，臺灣釋教喪葬拔渡法中的打枉死城、打血盆、挑經、過橋，這四者既被釋教法師歸屬於「科儀」的範疇，則它們必然以「儀式」的面貌來呈現，其背後當然也有某些法師或孝眷人等所欲追求的功能和目的存在，故本章擬從「儀式」的面向來探究打枉死城、打血盆、挑經、過橋科儀。

不過，當我們要從「儀式」的面向來探討這些科儀前，首先必須瞭解喪家延請釋教法師舉行法事之因，一來是為了拔渡亡者，藉由誦唸經懺及展演科儀，幫助亡者：

> ……通過各種關卡，順利的到達他界成為其中的成員，……使他界重新調適為平衡狀態，同時也使死者能有清楚的界定地位，亦即成為子孫供奉的祖先而俎豆馨香永祀不絕。[7]

並：

> 使生者與死者以及整個社會，整合成為一體，……使人界與他界重新恢復平衡和諧的狀態，更進而維持了一定族群的整合和諧與全體認知體系的完整。[8]

---

[7] 莊英章、許嘉明、呂理政、莊世瑩、陳慧霞《從喪葬禮俗探討改善喪葬設施之道》，頁 47，臺北市：行政院研究發展考核委員會，1989 年初版。

[8] 同上註，頁 48。

二來則是因家中遭逢成員變故，乃極度不祥之厄運，需透過法事的舉行，藉由種種儀式來讓整個家庭重返正軌。依據釋教法師的說法，在整個拔渡法事的科儀中，雖然絕大多數皆針對亡者而進行，但為了達到「生死兼顧」的雙贏狀態，因此釋教法師會刻意在科儀的演法過程裡，代替生者（即孝眷人等）向降臨壇場的神佛菩薩祈願，除了哀求超薦亡者往生西天外，亦懇請賜福予生者，使喪家在歷經此一重大不幸後能「否極泰來」，獲得上天更多的眷顧。故「拔渡」與「祈福」便成了舉行法事的最主要目的，諸多的科儀安排亦以達成這兩項目的為考量，打枉死城、打血盆、挑經、過橋同樣也不例外，「拔渡」與「祈福」即構築成它們的儀式意義，其中部分的演法過程及橋段也就是為達成此二項功能而精心設計，以下筆者遂就「拔渡」與「祈福」兩個面向來分析討論。

第一節　拔渡

　　從釋教法師慣稱喪葬場合的「做功德」為「拔渡法事」，便可推知「拔渡」此一功能在整場法事中的地位和重要性，關於「拔渡」之意義，《說文解字》：「拔，擢也」[9]，而「擢，引也」[10]，「引，開弓也」[11]，段玉裁另為「引」字下注：「凡延長之稱，開導之稱，皆引申於此……」[12]，《說文解字》又云：「渡，濟

---

[9]　漢許慎撰，清段玉裁注《說文解字注》，頁 611，臺北市：洪葉文化事業有限公司，1998 年初版。

[10]　同上註。

[11]　同上註，頁 646。

[12]　同上註。

也」[13]，所以「拔渡」二字合起來具有開導拯濟之意。王天麟的〈桃園縣楊梅鎮顯瑞壇拔渡齋儀中的目連戲「打血盆」〉一文中，曾對拔渡法事的意義有以下的解釋：

> 在沙壇（即釋教壇）的拔渡超薦儀式中，放赦、打城、破獄、打血盆皆是常見的功德法事，以從地獄中拯救亡靈超生天界為目的。類此對亡靈進行一連串的奠祭、招請、勸慰、解罪的拔渡齋儀，實是民間普遍運用的生命回歸儀式，通過「區離」、「過渡」、「再整合」的儀式，使亡靈在他界得到安頓與重生。[14]

因此「拔渡」的目的就是要拯救亡者，使其能透過儀式的舉行，進而從地獄超生天界。誠如上節所述，打枉死城、打血盆、挑經、過橋這四項科儀既具備「拔渡」之功能，當然也就可以達成拯救亡者的目的，只是各科儀彼此間所給予亡者的實質性幫助又互為不同。依釋教法師所受的傳承觀念與解釋，並配合筆者長期的觀察，可將這四項科儀區分為兩類，其中打枉死城、打血盆為一類，這兩項科儀主要是在亡者透過儀式的拔渡後，能得到「救贖」以重獲「無罪之身」；而挑經、過橋又為一類，這兩項科儀則是亡者在接受儀式的拔渡後，能由此界（人間塵世或冥間）「過渡」到他界（西天淨土），達成超生淨土的願望。基於此，打枉死城、

---

[13] 同上註，頁561。
[14] 王天麟〈桃園縣楊梅鎮顯瑞壇拔渡齋儀中的目連戲「打血盆」〉，收錄於《民俗曲藝》第八十六期，頁62，臺北市：施合鄭民俗文化基金會，1993年。

打血盆、挑經、過橋這四項科儀間的關係可用以下的圖表來說明：

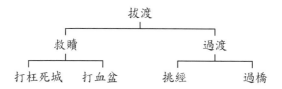

故若要從「儀式」面向探析打枉死城、打血盆、挑經、過橋的「拔渡」功能，那麼遂可分成「救贖」與「過渡」兩個深層意義來討論。

一、救贖

　　由第四章的論述可知，打枉死城和打血盆各有其固定對象，但兩者的目的卻近似，皆為「救贖」陽世孝眷人等的親魂，使亡者從枉死城或血盆池中被保釋出來，能與親人陰陽相會，並領沾拔渡法事的經懺功德，再由神佛菩薩接往生方。因目的近似，所以釋教法師在展演這兩項科儀時，進行的方式幾乎完全一致，而科儀裡有諸多演法過程，即是為了達成最終的「救贖」功能。比方說，在打枉死城和打血盆科儀中，當扮演目連尊者的釋教法師手持錫杖來到「血盆池」（或「枉死城」）後，便率領孝眷人等開始找尋亡者，但亡者究竟禁錮於「血盆池」（或「枉死城」）何處，無人知曉，故目連尊者只好逐一攻破每個關門。又當目連尊者每到一個關門前，為了營造出儀式的戲劇效果，因此目連尊者會與把守關門的鬼將（由後場鼓師充當）相互對答，茲舉一例口白如下：

　　　　目連尊者：來到這邊，原來是血盆池的東門頭上到了，東

門頭上鬼將開關！

鬼將：三更半夜，夜半三更，何人來到我東門叫關，報上
名來！

目連尊者：我乃靈山佛陀釋迦座前弟子目連僧正是。

鬼將：目連僧！來到東門叫關為了何事而來？

目連尊者：乃是為了陽世間孝男、孝女，他們的母親名叫
○○○媽○氏一位正魂，身染重病，不幸登仙去世，三魂
七魄歸在血盆池內，有無在你東門頭上啊？

鬼將：你所講之陰魂不在我東門頭上。

目連尊者：陰魂不在東門頭上，那歸哪裡路去啊？

鬼將：一定是到南門路去了。[15]

當目連尊者找尋不到亡者的下落時，便以錫杖將代表血盆池關門
的沙堆畫出一道空隙，或者直接用錫杖把枉死城的關門戳破，以
示攻破關門。如此逐一攻破東、南、西、北四方關門，最後來到
中門關才找到亡者，並引領陽世孝眷人等（打血盆則為亡者之親
生子女）來保領亡者。因為科儀中安排了上述這種近似戲劇表演
手法的演法過程，使得釋教法師能「逼真」的攻破「血盆池」（或
「枉死城」），更藉由這種如同戲劇表演般的儀式，讓陽世孝眷
人等能保領亡者，使亡者被「救贖」出「血盆池」（或「枉死城」）。

以戲劇表演的方式來進行科儀，是釋教法師在喪葬拔渡法事
中經常運用的手法之一，而「戲劇」與「儀式」之間，本來就存

---

[15] 資料來源為 2005.4.21 花蓮縣光復鄉大安村徐府冥路出山功德錄音。

在著某種程度上的關係，容世誠《戲曲人類學初探》即云：

> 戲劇人類學家在辨別戲劇和儀式的關係時指出，「戲劇」
> 和「儀式」並不是截然地一分為二的兩個對立觀念；反而，
> 它們只不過是處於一個連續體上的兩端。在這二者之間
> （連續體的不同點上），存在著不同的演出類型和形式，
> 它們都兼具儀式和戲劇的性質，不過是程度上有所偏重而
> 已。這是從表演形式的類別來看戲劇和儀式的連續性，是
> 一個類型分類上的問題。當落到某一類型或某一劇目的實
> 際演出時，「戲劇」和「儀式」的成分在整個演出過程中
> 交相取代，此消彼長：在演出的某一環節中「戲劇」的成
> 分得以彰顯，「儀式」的成分則顯得次要隱晦；在另一環
> 節中「儀式」演出被推向前景，「戲劇」的比重則相對降
> 低。[16]

在打枉死城和打血盆科儀的演法過程中，「戲劇」和「儀式」便
是交相取代，彼此消長，例如目連尊者到各關門找尋亡者，並與
鬼將以淺白之口語對答，即是彰顯了「戲劇」的成分，而「儀式」
的成分則顯得隱晦。但是當目連尊者以錫杖攻破關門，並引領陽
世孝眷人等來保領亡者時，顯然地，「儀式」的成分又變得重要，
使「戲劇」的比重降低了許多。之所以釋教法師要採用戲劇表演
的方式來進行科儀，並且將「戲劇」和「儀式」相互混搭在一起，

---

[16] 容世誠《戲曲人類學初探》，頁 116，臺北市：麥田出版股份有限公司，
1997 初版。

主要是：

> 儀式是一種轉化，它改變了參與者的原有狀態，而以一種
> 新的面貌來面對原有的社會。[17]

由於「儀式」是種轉化過程，因此為了讓參與者（亡者、孝眷人等）之原有狀態（亡者：禁錮於血盆池或枉死城中，孝眷人等：苦於親魂無法被救贖）產生改變，並以新面貌（亡者：獲得保領，孝眷人等：與親魂陰陽相會）面對社會，故釋教法師融合了「戲劇」的手法來協助轉化，好讓亡者受到「救贖」，也解決了所有儀式參與者的問題。至於為何必須在「儀式」中融合「戲劇」，則是因「儀式」及「戲劇」結合而成的「儀式戲劇」，有著其特殊的「中介」現象存在：

> Victor Turner 曾提出「中介」（liminal）和「類中介」（liminoid）的概念，來說明儀式戲劇與商業戲劇的區別：所謂「中介」現象是人們全面性、義務性的參與，反映的是一個社區長期累積下來的經驗；而「類中介」現象則傾向個人專業藝術的領域顯示出在文化市場競爭下的風格或口味。相形之下，屬於「中介」行為的儀式戲劇，要比舞臺上作商業性質演出的戲劇更能反映出社會集體的心理、信仰、與想願，故「中介」與「類中介」二者意義不同，討論時不容

---

[17] 陳信聰《幽冥得度—儀式的戲劇觀點》，頁 22，臺北市：唐山出版社 2001 年初版。

混淆。[18]

觀察打枉死城、打血盆科儀的演法過程裡，以「戲劇」手法所表演的橋段，顯然具有濃厚的「中介」色彩，不管釋教法師是以口白、動作或其他各種方式，都是為了讓整個演法過程更為逼真寫實，使孝眷人等和現場的觀眾隨著「儀式戲劇」的演出，產生身歷其境的感受，而將壇場視為地府冥間的枉死城、血盆池，將釋教法師以錫杖做出的動作視為成功攻破關門，並在有意無意間進入了宗教儀式的「中介」狀態內。置身於壇場的眾人，其行為就在受到「中介」狀態所反映出的信仰、理念之指引下，團結成一個一心只想協助亡者得到「救贖」的「共同體」，釋教法師透過此一方式整合了眾人心態，集體意識亦得到了進一步的強化，促使「儀式」可以經轉化而達到「救贖」的目的。

此外，在打血盆科儀中，雖然陽世孝眷人等保領了亡者，但這只表示亡者從原本禁錮的血盆池內被「救贖」出來，可是此時的亡者仍為待罪之身，依舊背負著因生兒育女而加諸於身上的「血湖之罪」。「血湖之罪」可說是中國女性的「原罪」，郝譽翔《民間目連戲中庶民文化之探討》曾說：

> 中國宗教本無「原罪」觀念，但對女性而言，「血湖之罪」卻是一與生俱來不可避免的罪愆。「血湖之罪」指女性因為生產時所流血水汙穢三光，死後必須打入地獄的血湖中受苦，以洗清罪孽。……血湖之罪對必須發揮生育功能，

---

[18] 郝譽翔《民間目連戲中庶民文化之探討》，頁 11~12，臺北市：文史哲出版社，1998 初版。

以維持家族延續的婦人而言，乃在所難免。[19]

「血湖之罪」因生兒育女而來，所以亡者的親生子女有義務要替母親贖清此一罪責，基於這層道理，釋教法師遂在打血盆科儀中安排「喝血盆水」的儀式，將血盆池中裝有血水的磁碗，交給亡者的親生子女，並要求他們代為喝下血水，以實際的行動來徹底「救贖」亡者。將導致亡者遭受禁錮的主因—「血水」，由導致亡者會產生血水的對象—「親生子女」喝下，藉此斷絕這個會讓亡者受罪的主因，使亡者接受真正的「救贖」，成為無罪的清白之身。最後，打枉死城或打血盆在「儀式」面向上的意義，正如同王天麟所說：

> 就死亡的危機意識而言，人們舉行與信仰有關的各種儀式，無非是藉以安頓亡者、撫慰生者，而通過此一危機，亡者的本罪以及本罪的後果皆已解除，亡者與生者重新確立關係，亡者的生命回歸到天上成為祖先神，而生者得到福佑。祖先被奉祀在祠堂或家裏的神龕，繼續行使其社會責任。[20]

所以使亡者的罪孽消除，並以嶄新的身份（成為「祖先」）與生者確立關係，永享後代子孫的崇奉敬祀，進而發揮護佑家族及其

---

[19] 郝譽翔《民間目連戲中庶民文化之探討》，頁85，臺北市：文史哲出版社1998初版。

[20] 王天麟〈桃園縣楊梅鎮顯瑞壇拔渡齋儀中的目連戲「打血盆」〉，收錄於《民俗曲藝》第八十六期，頁63，臺北市：施合鄭民俗文化基金會，1993年。

所有成員的社會責任，最後真正達到安頓亡者與撫慰生者的目的，相信這將是打枉死城、打血盆的最大「救贖」功能所在。

二、過渡

　　關於「過渡」功能，原本即為「通過儀式」（the rites of passage）所包含的階段之一，「通過儀式」的意涵如下：

> ……又稱生命儀禮，為荷蘭學者 Arnold Van Gennep 所提，……其基本論點為：人生從出生到死亡之間的種種階段，會產生很多不同的發展過渡情形，這種過渡階段，也都是社群內關係及互動必須作若干調整的時機。通過儀式就是使用一再重複的禮儀模式，將社會地位以及角色轉換的訊息，確實的通知社群中所有相關的成員，以便彼此能據以調整重組其間之互動關係，重新界定互相的權利義務。也使通過者本身得以藉機調整其身心狀況，以便順利肩負起新身份的責任，表現出適當的行為以符合該文化情境的需求。因為這類儀式所欲表達的訊息是相同的，所以具有一個共同的禮儀模式，即一、分離儀式（rites of seperation）二、過渡儀式（rites of transition）三、結合儀式（rites of incorporation）。[21]

---

[21] 翁玲玲《麻油雞之外—婦女作月子的種種情事》，頁 53~54，臺北板橋：稻鄉出版社，1994 年初版。

而 Victor Turner 則對 Arnold Van Gennep 所提出的三個禮儀模式有過一番闡釋，他認為：

> 所有通過性的儀式（過渡性的儀式）都可以從三個階段來看：脫離、中介或邊際，和整合。第一個階段包括意味著個人或群體脫離的象徵性行為：它或是從社會結構中一個先前的定點或是從一個相當穩定的文化情境裡（一個文化的「狀況（State）」）脫離。進入中介狀態時，儀式當事人（「通過者」或「中介者」）的現狀就變得模稜兩可，他所經歷的領域並不具有或只有少許過去或未來地位的屬性，他是夾在各種有明確定義的文化分類當中（betwixt and between），而並不屬於任何一種明確的文化類別。在第三個階段中，整個過程已經圓滿完成了，當事人就回轉到某種分類清楚的神聖或凡俗的社會生活中。此時，不論這個儀式的當事人是個人或團體（群體、年齡組，或社會類別等都可以從事這種通過的儀式），他（們）又重新處於一個穩定的現狀中，並且在明確定義的結構型態裡具有他的權利和義務，同時人們會期望他的行為舉止能夠符合他們所熟悉的規範，也期望他的道德標準能合於他既有的新現狀。[22]

---

[22] Victor Turner & Edith Turner 原著，劉肖洵譯〈朝聖：一個「類中介性」的儀式現象〉，收錄於《大陸雜誌》第六十六卷第二期，頁 1，

喪禮即為生命儀禮之一，故當可運用上述之「通過儀式」的觀念
來析論。人一旦去世，所代表的不僅僅是生命的終結，更是所有
人際關係的斷絕，此時亡者便進入了所謂的「脫離階段」，其原
有的一切生活已然改變，例如亡者生前是睡在臥室內，但現在卻
只能躺在靈堂；又亡者生前可以用言語來與人溝通，但現在卻只
能依靠旁人擲筊來請示。可是亡者不能永遠處於這種「脫離階
段」，因為在中國人的傳統觀念裡，人死後將會成為後代子孫的
祖先，為了達成此一最終目標，便要透過固定的特殊儀式（如拔
渡法事）來協助亡者，在儀式過程中的亡者係處於「中介或邊緣
階段」，身份是相當混沌不明的，所以儀式要發揮「過渡」的功
能，將亡者順利「過渡」到能與整個社會結合在一起的階段。當
亡者因儀式而完成「過渡」後，其身份即轉變為祖先，此時的亡
者已成功「整合」入社會之中。

　　釐清「過渡」在「通過儀式」中所扮演的角色後，我們接著
探討挑經、過橋兩項科儀是如何發揮此一功能。回顧第四章所介
紹之挑經、過橋兩項科儀的演法過程，其中挑經一開始是目連報
完家門，便表示因途經本地時，見功德場內孝眷人等孝心動天，
遂決定代挑亡者上西天。由此可知，挑經之最初便已點出此科儀
要達成「過渡」的目的，因為「西天佛國」乃亡者的最終淨土，
亦為孝眷人等內心企盼亡者的唯一歸宿，當亡者順利抵達「西天
佛國」，並皈依佛祖後，地位遂由陰（冥府的鬼魂）「過渡」為
陽（天上的先人），其身份也不再是「亡者」，而是名正言順的
成為「祖先」。故挑經最後的「完成式」，即目連在千里跋涉後，
終於到達「西天佛國」，這也代表了亡者順利隨目連超生，歷經

臺北市：大陸雜誌編輯委員會，1983 年。

此一「過渡」階段，日後亡者將名列「公媽牌」內，正式歸屬為祖先的一員。

同樣地，過橋雖改由遵奉釋迦牟尼佛命令的引路王，到此地引渡亡者過奈何橋及金橋、銀橋，而科儀的最後一個環節，則為引路王率孝眷人等合力恭捧亡者的魂帛通過代表冥府橋樑的布面上，藉此象徵亡者安然通過奈何橋及金橋、銀橋，順利超生西天佛國。基本上，喪葬儀式中的「橋」本來就有著其特殊意涵，李豐楙曾解釋如下：

> 在民間的喪葬儀式中，凡是類似梯、橋的通過儀式都是一種象徵性的動作，由此岸渡到彼岸，由此界渡到他界，均以此為過渡的關卡，亡魂即在孝眷的扶持下完成。[23]

所以拔渡法事中「橋」就如同現實世界般，都背負著「交通」的重責大任，在現實世界裡，橋連接了兩端的區域，縮短了彼此的距離。而在拔渡法事裡的，橋則使亡者由此岸（此界）「過渡」到彼岸（他界），從人間塵世或冥府超生至「西天佛國」，讓亡者在儀式中轉換身份成功，「橋」所發揮出的「過渡」功能亦可用下圖表示：

此岸（此界） → 橋 → 彼岸（他界）

人間塵世、冥府 → 橋 → 西天佛國

最後：

---

[23] 李豐楙〈道教齋儀與喪葬禮俗複合的魂魄觀〉，收錄於李豐楙、朱榮貴主編《儀式、廟會與社區——道教、民間信仰與民間文化》，頁480，臺北市：中央研究院中國文哲研究所籌備處，1996年初版。

……魄歸藏於地,而魂則轉變成神,成為「神主」,也就可以等候大祥之後正式進入祖先的行列,成為廳堂上的神主;再進一步則是入祀祠堂,成為家族中的歷代先祖,如此均可與家屬長相左右,在以後的祭典中成為祭神如神在的公媽神、祖先神。[24]

當亡者成為「祖先」,也就代表挑經、過橋科儀達成「過渡」的使命,而儀式面向中所具有的「過渡」功能也在科儀的演法中表露無遺。

第二節 祈福

如同本論文第一章所述,「死亡」是生命的結束,也代表了人生一切事物的完結,所以人畏懼死亡,又因為對死亡有所畏懼,使得世界上的各民族在面對與處理人的「身後大事」時,皆衍生出諸多禮節、儀式及禁忌。一來藉由這些繁瑣的制式程序,讓亡者好好走完人生的最後一段路,二來則是透過這些儀節規範,消弭人們對死亡的恐懼感,使已被打亂的生活能盡速回歸正軌。但畢竟「逝者已矣」,且「活著的人才有希望」,因而有不少喪葬儀節坦白說是為了「活人」而設,可是這些為「活人」所設的儀節,其實絕大多數都是要替生者祈福,讓不幸面臨親人死別的孝眷人等,能在辦理完喪事後「否極泰來」。故徐福全在歸納臺灣民間傳統喪葬儀節之共有特色時,遂將「凶中求吉」列為

---

[24] 同上註,頁 472。

其中一項，他並舉例解釋說：

> 親喪固極凶之事也，為安定家庭鼓舞遺族，臺人常於喪事
> 儀節中高唱吉語以求吉，如辭生、套衫、封釘、成服、點
> 主、呼龍撒五穀等時，皆有所謂吉祥語以激勵子孫也；除
> 吉語之外或用吉物，如辭生及做旬（七）之菜肴固定有春
> 干、韮菜、甜豆、雞肉等，壓棺位用紅炭火、錢水、發粿
> 等，在求子孫能得高官、長壽、發達、富貴也；墓後種蓮
> 蕉芋頭在求多子且有頭有尾也，而桶箍篾常見用於接棺、
> 乞飯、壓棺、壓擔等儀節，其作用與孝眷團圓斟壺而飲食
> 相同，在求親人死後子孫尤須如桶箍箍桶緊密團結也。[25]

的確，誠如徐氏所指出，臺灣人在喪葬過程中慣以吉語、吉物來
祈福或象徵，而拔渡法事係喪葬過程的一個重要環節，所以當然
也不能免俗，因此諸多科儀亦流露出濃濃的「祈福」功能，冀望
藉儀式來祈求祝福，讓極凶的喪事能蘊孕出日後的好運連連。

至於如何在儀式中達成「祈福」的功能，最常見的方式就是
釋教法師於喪葬拔渡法事中，選擇適當時機以各類型的「好話」
來為孝眷人等祈福並祝福他們。又臺灣民間咸信「師公嘴，講起
來也對對對，見講見對」，認為凡好話從釋教法師口中說出，即
有不可思議的實現效果，姑且不論這樣的觀念是否迷信，但長久
以來卻受鄉民們深信不疑。本論文所探析的科儀中，由於挑經無

---

[25] 徐福全《臺灣民間傳統喪葬儀節研究》，頁 546，作者自印，2001 年
初版。

固定之口白、唱唸，其活潑性與包容力極強，因此在釋教法師的眼中，是最適合摻入「好話」來「祈福」的科儀。依筆者長期實地田野調查的觀察統整，發現釋教法師常在挑經中的兩個橋段講好話，一是在土地公出場進行雜唸表演時，例如：

> 土地啊土地！拿柺杖攔來到這，看到善男甲信女，土地緊緊攔來保庇，保庇善男信女萬事攏該如意。若是做生意，土地緊緊來保庇伊，保庇伊來腳踏五方，方方攏大吉利，年年攏賺大錢。若是做田人，有來敬奉我老土地，土地是永遠甲保庇，保庇做田人，田園攔肴管理，穀倉也常常滿，那個舊穀吃不完，新穀攔割來添，若是那當時有收成，碾米做粿來敬奉我老土地，土地也會常常甲保庇。若是婦人有來敬奉我老土地，土地甲保庇，保庇這婦人，好花來依枝，好子來養飼，五男共一女，齊齊十子也好團圓。囡仔人，土地也甲保庇，保庇囡仔人，大家聰明乖巧，乾淨攔伶俐，讀書金榜攔有名字，壽元齊齊吃百二，吃百二。若是論起今仔日這孝男甲孝女，土地也要來保庇伊，因為「有孝」兩字是感動天，今仔日薦拔親魂要往西天，這場功果若做完畢，日後是倥倥富，買田園，曆宅蓋那個酥拉姆，蓋到世界各地也攏總有，子孫代代攏大富裕，大富裕！[26]

土地公以成串成篇的好話祝福孝眷人等與在場的全體觀眾，無論

---

[26] 資料來源為2005.6.5花蓮縣花蓮市國富十街李府午夜出山功德錄音。

是孝男、孝女、士農工商、孩童，各個層面祂都給予庇佑照顧，更因孝眷人等「『有孝』兩字感動天」，故土地公要講好話來為他們祈福，使喪家能化「危機」成「轉機」，迨親人的後事辦理完畢，家運可以日漸興隆順遂。

而挑經中另一個講好話的橋段，則是目連按古禮向孝眷人等討紅包時，此舉雖云古禮，但事實上並無任何文獻根據，部份釋教法師亦直言這乃是索取小費的委婉手段，為顧及面子與避免尷尬，故以此係古禮之說來搪塞。又民間認為「見紅大發」，紅包一出現，便可為原本死寂的喪葬場合，增添些許溫暖氣息，且由「白」轉「紅」，亦為臺灣喪葬流程的固定進展步驟，釋教法師在挑經表演裡安排此橋段，實屬「一兼二顧」的巧妙之舉。而釋教法師為了讓孝眷人等慷慨解囊，所以必須以好話來吸引眾人打賞，換個角度再分析，當孝眷人等給予紅包獎勵時，釋教法師也應熱情地回贈好話來感謝，這樣才算公平。釋教法師要的是「小費」，孝眷人等要的是好話的「祈福」功效，各取所需，何樂而不為呢？以下茲舉數例此橋段之好話：

> 人家講有投就有福，恁若甲阮投上百，恁會賺錢田園買有萬萬甲，若甲阮投有上千，做生意代代興，金銀財寶是會滿曆間！
>
> 投在先，乎恁子孫攏做這個大醫生，一日賺好幾萬又好幾千！若要開醫生館會比慈濟攔卡大間！
>
> 投得來，年年添新丁，月月大進財！
>
> 投乎離，乎恁房房子孫壽元吃百二！
>
> 小妹妹，落袋投甲空，乎恁日後攏嫁好尪！

　　放下去，保證可以天真活潑又美麗，身材也能好像馬世
　　莉！

　　放下來，以後長大到銀行去做總裁！

　　拿來放，乎恁日後出有好子弟，走遍世界天地！

　　小弟弟，投濟張，乎恁到學校能夠做班長，長大做咱們○
　　○鄉鄉長和○○縣縣長，以後還能做行政院長！

　　投得來，乎恁參加比賽攏得金牌！

　　投一千的，乎恁樂透彩至少中四星的！

　　投整捧，乎恁子孫日後做咱中華民國的大總統！[27]

從以上好話的字句組織中可察覺到，釋教法師乃利用討紅包時，
孝眷人等的動作，如投得來、放下去、放下來、拿來放等字詞的
發音，再以「押韻」的方式來編撰各式好話，且押韻的韻母則是
採閩南語、國語相互夾雜發音，由於字字間相互押韻，故讀來淺
顯易懂，甚為有趣。由上述的好話觀之，可以發現到釋教法師在
運用好話來為孝眷人等「祈福」時，其祝福的內容更是五花八門，
從一般人最希望的大發財，擁有萬貫家產，或長命百歲，活到一
百二十歲，或家中添新丁（男生）來壯大家族陣容，再到祝福喪
家日後能有優秀子孫，人人有好的姻緣（嫁好尪）。甚至是結合
現今社會的人、事、物，像是給予「若要開醫生館會比慈濟攔卡
大間」、「身材也能好像馬世莉」、「以後長大到銀行去做總裁」、
「乎恁到學校能夠做班長，長大做咱們○○鄉鄉長和○○縣縣
長，以後還能做行政院長」、「乎恁樂透彩至少中四星的」、「乎

---

[27] 資料來源為 2005.5.24 花蓮縣吉安鄉吉安村劉府冥路出山功德錄音。

恁子孫日後做咱中華民國的大總統」等「現代化」的祝福。

此外,因釋教法師在昔日農業社會中,是少數的「識字階層」,且被大眾認定為「上九流」[28]之一,屬學識淵博、地位崇高的一群人。基於這樣的「非凡」身份,故釋教法師所唱唸的好話,除了有淺顯易懂的部分,亦有引用典故的文句,藉以展現其「腹內貨」。舉例而言,在過橋科儀時,扮演「引路王」的釋教法師會不時要求孝眷人等將鈔票一張張鋪在象徵冥府橋樑之布面上,並回贈好話予以祝福,其好話內容即配合孝眷人等所投之鈔票張數來編撰,如:

> 銀票若投頭一張,當朝一品!
>
> 投第二張,二甲進士!
>
> 投第三張,三元及第!
>
> 投第四張,四代兩公卿!
>
> 投第五張,五福臨門,五子登科!
>
> 投第六張,六國封相!
>
> 投第七張,七子八婿!
>
> 投第八張,八面威風!

---

[28] 「上九流」係指昔日臺灣社會中的上層階級,包括師爺、醫生、畫工、地理師、卜卦師、相命仙、僧侶、師公、琴師,其中「師公」又分「紅頭」和「黑頭」,「紅頭」乃為現今之道士,「黑頭」則為釋教法師。有關「上九流」之詳細研究,可參閱鈴木清一郎著,馮作民譯《臺灣舊慣習俗信仰》,頁 13~14,臺北市:眾文圖書股份有限公司,1989年一版。

投第九張，九世同居！

投第十張，十子團圓，滿堂賺大錢！[29]

上述的這些好話，絕大多數皆有套用典故，比方說「二甲進士」即是源自有著「開臺進士」稱號的鄭用錫，據《新竹縣志》記載：

> 鄭用錫，名蕃，譜名文衍，字在中，號祉亭。一七八八年（乾隆五十三年）生於竹塹北門外。幼時追隨王士俊就學，嘉慶十五年取為彰化縣學廩生，嘉慶二十三年，二應鄉試，取中恩科舉人，道光三年，赴京會試，取中進士三甲及第。這是開臺以來，編為「至」字號的臺籍考生，首次登科的進士。人皆稱為「開臺黃甲」。[30]

事實上，鄭用錫是「三甲」進士而非「二甲」，但因咸豐四年，鄭用錫奉旨與施瓊芳等人協辦團練，並勸捐運津米糧，遂受皇恩賜與二品封典[31]，故臺灣民間才訛稱鄭用錫為「二甲進士」。「三元及第」則是源於古時科舉考試中，鄉試第一名者稱「解元」，會試第一名者稱「會元」，殿試第一名者稱「狀元」[32]，若於鄉試、會試、殿試皆得第一名者，便稱之為「三元及第」，所以釋教法師藉「三元及第」來祝福孝眷人等日後能金榜題名。「五福

---

[29] 資料來源為 2005.11.2 花蓮縣花蓮市中美路陳府冥路出山功德錄音。
[30] 林松、周宜昌、陳清和主修，張永堂總編纂《新竹縣志》卷七，頁77，新竹市：新竹市政府，1997 年初版。
[31] 同上註，頁 78。
[32] 李新達《中國科舉制度史》，頁 250~251，臺北市：文津出版社有限公司，1995 年初版。

臨門」的「五福」則是源自《周書・洪範》所載：

> 一曰壽，二曰富，三曰康寧，四曰攸好德，五曰考終命。
> [33]

所謂「壽」是指長壽，「富」是指富貴，「康寧」是指身心健康安寧，「攸好德」是指有美德，「考終命」是指老而以壽終，此五者為凡人所積極追求與企盼之境界，若能「五福」皆備則足以稱之為美滿的人生。「六國封相」是指戰國時代蘇秦并相楚、燕、齊、韓、趙、魏六國的事蹟[34]，藉以祝福孝眷人等日後能官運高昇，名留青史。「七子八婿」則是源自郭子儀的故事，據《新唐書》記載：

> 子儀……八子七婿，皆貴顯朝廷。諸孫數十，不能盡識，
> 至問安，但頷之而已。富貴壽考，哀榮終始，人臣之道無
> 缺焉。[35]

依照史書上所載，可知郭子儀實為「八子七婿」，釋教法師稱其「七子八婿」乃誤記典故，但這並不影響此好話的「祈福」功能，因釋教法師是以這句好話來祝福孝眷人等能如同郭子儀一樣，富

---

[33]　屈萬里《尚書釋義》，頁 66，臺北市：中華文化出版事業委員會，1956年初版。

[34]　有關蘇秦并相六國之事蹟，可參見漢司馬遷《史記》列傳第九〈蘇秦傳〉，頁 763~777，臺北市：臺灣商務印書館股份有限公司，1995 年臺一版。

[35]　宋歐陽修、宋祁《新唐書》，頁 4609，臺北市：鼎文書局，1992 年八版。

（財富）、貴（顯貴）、壽（長壽）、考（善終）每件事都俱全。
至於「九世同居」則是源自元雜劇〈張公藝九世同居〉的戲目，
相傳唐張公藝一家，自北齊至隋到唐共九世未曾分家，並蒙朝廷
旌表門閭，故後人譽稱為「九世同居」。[36]釋教法師祝福喪家「九
世同居」，即希望孝眷人等往後能像雜劇戲文所云：「一團和氣
靄門閭」、「滿門忠孝世間無」。[37]

　　俗話說：「好話一句三冬暖，惡言一句六月寒」，足見「好
話」對於人們的影響力甚鉅，甚至可以改變其內心的想法與感
受。所以當喪家的孝眷人等在面臨親人往生這突發的不幸時，釋
教法師於儀式裡以「好話」來為他們「祈福」，彷彿是場及時雨
般，讓遺族們有力量從悲傷中走出。正如《宜蘭縣口傳文學》對
「好話」的功能所下之定義：

> 即使在人生路上，這些「好話」無法如是應驗，民眾仍然
> 對其抱持「現聽現好」的態度，至少在生命的關鍵時刻，
> 憑添些「明天會更好」的希望吧。[38]

基於此，釋教法師用心編撰的各式「好話」就達成其「任務性」
功能，孝眷人等也能夠利用「好話」中所隱含的「祈福」效果，
讓自己「化悲憤為力量」，盡力將「好話」所傳達出的祝福內容
實現，原本宗教意味濃厚的拔渡儀式，也就在這些表露「祈福」

---

[36] 元王實甫等著《孤本元明雜劇》二冊〈張公藝九世同居〉，頁 1~9，
　　臺北市：臺灣商務印書館股份有限公司，1977 年臺一版。

[37] 同上註，頁 1。

[38] 邱坤良、施如芳、張秀玲、藍素婧、郝譽翔《宜蘭縣口傳文學》上冊，
　　頁 34，宜蘭：宜蘭縣政府，2002 年初版。

功能的「好話」襯托下，進而帶給了人們無限的希望。

第三節　小結

　　綜合以上論述，可知「拔渡」與「祈福」實為喪家延請釋教法師舉行法事之因，故若從「儀式」的意義來探析打枉死城、打血盆、挑經、過橋科儀，則「拔渡」與「祈福」這兩個面向必然成為科儀的終極目的。「拔渡」就是要拯救亡者，使其能透過儀式的舉行，進而從地獄超生天界，但各科儀給予亡者的實質性幫助又互為不同。其中因打枉死城、打血盆科儀有其特定對象，故這兩項科儀在「拔渡」面向上主要發揮了「救贖」的功能，讓亡者經由儀式的拔渡後，得到「救贖」而脫離遭禁錮的枉死城或血盆池，以重獲「無罪之身」。不過，當釋教法師以科儀來行「救贖」的過程中，卻慣以戲劇表演的手法來達到儀式的「中介」的狀態，使孝眷人等和現場的觀眾隨著「儀式戲劇」的演出，團結成一心只想協助亡者得到「救贖」的「共同體」，使集體意識得到了進一步的強化，以促使「儀式」達到最終的「救贖」目的。而挑經、過橋科儀則是進行「過渡」的功能，雖然兩項科儀分別由目連尊者、引路王帶領亡者，但主要皆協助亡者能由此界（人間塵世或冥間）順利「過渡」到他界（西天淨土）。總而言之，無論是「救贖」或「過渡」，其實都是要藉由儀式讓亡者日後能以嶄新的身份（成為「祖先」）與生者確立關係，享受後代子孫的祭祀，並履行護佑家族成員的社會責任，達到了安頓亡者與撫慰生者的圓滿境界。至於在「祈福」面向上的表現，則釋教法師通常是以各類型的「好話」來展示，例如當土地公一出場便講述成篇的好話祝福眾人，或是目連尊者、引路王在孝眷人等給予打

賞時以好話回贈，不管是採用何種方式，無非都是想運用這些「好話」來「祝福」遺族，幫助他們化「危機」成「轉機」，對未來重新燃起希望。

第六章

「儀式戲劇」科儀之教化意義

　　筆者在從事本論文之相關訪談與田野調查的過程中，絕大多數的釋教法師皆表示在喪葬拔渡法事中，凡與「目連」有關之科儀，除了具有「儀式」面向的功能外，更肩負「教化」面向的責任。此一說法，不是釋教法師在對自己所做的科儀「自吹自擂」，更非過度渲染其所具備之深層意義，而是「目連」這一角色，及其背後所隱藏的文化意涵，使得相關科儀在「儀式」面向之外，另有其他意義。釋教法師最常運用的「目連」故事，即其「救母」的偉大事蹟，該故事與中國文化的關係，郝譽翔曾有過闡論：

> 目連救母故事源自《盂蘭盆經》，《盂蘭盆經》乃是佛教傳入中國時僧徒為了調和世間儒佛的衝突所創立的新經，經中極力強調孝道的思想，目的在讓注重倫理道德的中國人民更易接受外來的佛教。所以就故事起源而論，目連救母故事與佛教確實具有密切的血緣孳乳關係，然而就其傳播的目的與過程而言，與其說目連故事源自佛教，實際上還不如說它是一個佛教中國化的產物，也就是將佛教故事納入中國儒家倫理的結果。透過目連故事，佛教不僅調和儒家道德而得到中國人民的認同；儒家道德也因此得到佛教超自然神權的支持，雙方相輔相成，而成為調和儒、釋的良好題材，得到了歷代封建統治者與佛教人士的提倡。[1]

---

[1] 　郝譽翔《民間目連戲中庶民文化之探討》，頁 6，臺北市：文史哲出版社，1998 年初版。

由此可知，「目連救母」故事最初是為了讓中國人能接受外來的佛教，所以故事中融入儒家思想，並強調「孝道」的重要與中國傳統的倫理道德觀念，進而受到各方提倡，成為流傳千古的最佳教化媒介。由「目連救母」故事衍生出的「目連戲」，也因此廣受中國人愛戴，該戲流傳的年代最早可追溯至宋孟元老《東京夢華錄》之記載：

> 七月十五日，中元節。……構肆樂人自過七夕，便搬《目
> 連救母》雜劇，直至十五日止，觀者增倍。[2]

然後一直到今日仍不斷的在大陸各地演出，無論繁華城市或偏僻鄉村，皆可見到「目連戲」的足跡。[3]

　　相較於大陸地區每逢中元、廟會、醮祭等慶典場合，慣搬演「目連戲」助興的風俗[4]，臺灣則僅於舉行喪葬拔渡法事時，方可窺見有關「目連」故事的演出，且這些演出往往都依附在科儀內，帶有極為濃厚的儀式性。臺灣釋教喪葬拔渡法事中，以「目連」為主角，且運用「目連救母」故事為背景的科儀有三項，分別為打枉死城、打血盆和挑經，因為這三項科儀係以「目連」和「目連救母」故事發展而成，所以自然帶有傳統「目連」形象的精神，與「目連救母」故事強調的觀念及思想。基於此，故釋教法師才

---

[2]　宋孟元老《東京夢華錄》卷八，頁 211~212，臺北樹林：漢京文化事業有限公司，1984 年初版。

[3]　郝譽翔《民間目連戲中庶民文化之探討》，頁 1，臺北市：文史哲出版社，1998 年初版。

[4]　凌翼雲《目連戲與佛教》，頁 5，中國廣東：廣東高等教育出版社，1998 年一版。

會毫不諱言的表示這些與「目連」有關之科儀，在單純的「儀式」面向之功能外，另具「教化」面向的神聖責任。然而打枉死城、打血盆、挑經等科儀，究竟在演法過程中傳達了什麼與「教化」有關的訊息？關於這項疑問，我們可先回溯至「目連」形象及其故事所展現出的精神，李豐楙對此曾有過以下的解釋：

> 目連救母在佛教的超薦儀式中，是具有義理一貫的目連神話來支持、合理化其動作象徵，故香花和尚在飾演目連時身著袈裟、手持錫杖，頓破地獄門，挑經往西天，完全符合佛教中國化之後所講的勸孝精神。[5]

又以「目連救母」故事衍生出的「目連戲」，該戲與「教化」之關係，郝譽翔亦有論述：

> ……民間戲曲雖然多宣揚道德教化，但目連戲教忠教孝的意味卻更加強烈，絕非僅是一種消遣娛樂而已。故如鄭之珍《目連救母勸善戲文》、張照《勸善金科》、以及徽州目連戲中《勸善記》、《罰惡記》等等，便多以勸善罰惡作為戲名。不只文人重視目連戲教化的功效，就連民眾以將其視之為「勸善書」、「勸善文」，目連戲重視道德教

---

[5] 李豐楙〈複合與變革：臺灣道教拔渡儀中的目連戲〉，頁 108 收錄於《民俗曲藝》第九十四、九十五期合訂本，臺北市：財團法人施合鄭民俗文化基金會，1995 年。

化的程度可見一斑。[6]

統合李豐楙與郝譽翔之觀點，我們可發現「目連」形象及其故事，甚至是後來衍生出的「目連戲」，三者都圍繞著「教化」這一功能運作，而在其具備之「教化」面向中，所欲提倡、宣揚之理念，乃：

> ……以儒家的忠、孝、節、義為主。浙江新昌前良 1937
> 年抄本《救母記》分仁、義、禮、智、信五大冊，以及辰
> 河花目連劇目中宣揚匡國卿「忠」的《火燒葫蘆口》、鄭
> 賡夫「孝」的《蜜蜂頭》、耿氏「節」的《耿氏上吊》，
> 以及王桂香「烈」的《攀丹桂》，都以儒家倫理作為演劇
> 的綱領。四川何育齋在所校刊的敬古堂刻本川劇《音注目
> 連金本全傳》結尾處寫道：「目連戲願三宵畢，忠孝節義
> 四字全。」也顯示內容以儒家倫理道德為主。所以目連戲
> 劇目雖然龐雜，我們卻依舊可以由忠孝節義的思想上尋繹
> 出一致性來，其內容多半通過搬演歷朝歷代興衰演變的故
> 事，以警戒亂臣逆子，貶斥不忠不孝。[7]

從關於「目連戲」的分析得知，其「教化」的內容也就是一般人耳熟能詳的孝、忠、善、節、義等儒家倫理道德。基本上，臺灣

---

[6] 郝譽翔《民間目連戲中庶民文化之探討》，頁 66，臺北市：文史哲出版社，1998 年初版。

[7] 郝譽翔《民間目連戲中庶民文化之探討》，頁 66，臺北市：文史哲出版社，1998 年初版。

的釋教法師在運用「目連」形象及其故事時,同樣是照著上述的
理念予以發揮,因此,釋教法師才會直指凡與「目連」有關之科
儀,皆具「教化」面向的重大功能。不過喪葬拔渡法事僅為一「家
族」之事,故釋教法師雖藉「目連」來宣揚倫理道德,但也只能
限於「家族」的層面之上,並著重於提倡與家庭關係最密切的「孝
道」,至於其他的忠、善、節、義等觀念,則選擇較能力行於日
常生活者為首要考量。在此,筆者擬依實地田野調查之記錄,從
「孝道」和「悌道與善行」這兩個倫理道德的角度[8],來觀看臺灣
釋教這些與「目連」相關之科儀,到底怎樣盡到其「教化」的責
任與功能。

第一節　倫理道德─孝道

「目連」的原型最早出自印度佛教傳說,諸多佛教經典中皆
有相關之記載,其生平:

> 目連為摩揭陀國王舍城人,屬於婆羅門種姓,原名沒特迦
>
> 羅,自幼出家,成名後與舍利弗各領弟子一百餘人而講
>
> 道,但是久久達不到極境。一日舍利弗偶然遇見釋迦牟尼
>
> 成道後最初度脫的五比丘之一阿失說而與之交談,聽到釋

---

[8] 基本上「孝道」可歸屬於「倫理道德」的一環,但筆者在訪談釋教法
師的過程中,諸多法師皆刻意強調與「目連」有關之科儀,在「教化」
面向是首重提倡「孝道」,其餘的「倫理道德」觀念則是次要,且科
儀中關於「孝道」之內容,確實比一般的忠、善等「倫理道德」有著
較重的份量,所以筆者將「孝道」從「倫理道德」中獨立出來,並列
於第一節分析討論,藉此彰顯「孝道」在科儀裡的重要性。

迦牟尼的偈語，心有所悟，連忙告知目連，一同前去面聆
釋迦講道，大悟，於是二人帶領全部弟子皈依佛教。目連
皈依後法名摩訶目犍連，或稱大目犍連，與舍利弗同為釋
迦牟尼座前十大弟子之一，舍利弗為右面弟子，智慧第
一，目連為左面弟子，神通第一，曾以法力助釋迦牟尼與
六師外道鬥法而獲勝，為佛教勢力的奠定根基立下不朽功
勞，後被外道梵志用杖打死。[9]

可知目連並非因「救母」之孝子形象顯名於佛教經典中，而是以
其非凡的神通法力為佛教立下功勞。中國民間所流傳的「目連救
母」事蹟，其實是源於《盂蘭盆經》的記載，該部經被學者們認
定是「目連救母」故事的開端[10]，《盂蘭盆經》全名為《佛說盂
蘭盆經》，全文如下：

> 聞如是。一時佛在舍衛國祇樹給孤獨園。大目犍連始得六
> 通，欲度父母，報乳哺之恩。即以道眼觀視世間，見其亡
> 母生餓鬼中，不見飲食，皮骨連立。目連悲哀，即以鉢盛
> 飯，往餉其母，母得鉢飯，即以左手障鉢，右手摶食，食
> 未入口，化成火炭，遂不得食。目連大叫，悲號涕泣，馳
> 還白佛，具陳如此。佛言：「汝母罪根深結，非汝一人力

---

[9] 廖奔、劉彥君《中國戲曲發展史》第一卷，頁181，中國山西：山西
教育出版社，2003年一版。

[10] 凌翼雲《目連戲與佛教》，頁20，中國廣東：廣東高等教育出版社，
1998年一版。

所奈何。汝雖孝順，聲動天地、天神地祇、邪魔外道、道
士四天王神，亦不能奈何。當須十方眾僧威神之力，乃得
解脫。吾今當說救濟之法，令一切難皆離憂苦。」佛告目
連：「十方眾生，七月十五日，僧自恣時，當為七世父母
及現在父母厄難中者，具飯、百味五果、汲灌盆器、香油
錠燭、牀敷臥具，盡世甘美以著盆中，供養十方大德眾僧。
當此之日，一切聖眾，或在山間禪定，或得四道果，或在
樹下經行，或六通自在教化聲聞緣覺，或十地菩薩大人，
權現比丘，在大眾中，皆同一心，受鉢和羅飯，具清淨戒，
聖眾之道，其德汪洋。其有供養此等自恣僧者，現世父母、
六親眷屬，得出三塗之苦應時解脫，衣食自然；若父母現
在者，福樂百年；若七世父母生天，自在化生，入天華光。」
時佛敕十方眾僧，皆先為施主家咒願，願七世父母行禪定
意，然後受食。初受食時，先安在佛前，塔寺中佛前，眾
僧咒願竟，便自受食。時目連比丘及大菩薩眾皆大歡喜，
目連悲啼泣聲釋然除滅。時目連母即於是日，得脫一劫餓
鬼之苦。目連復白佛言：「弟子所生母，得蒙三寶功德之
力，眾僧威神力故。若未來世，一切佛弟子，亦應奉盂蘭
盆，救度現在父母，乃至七世父母，可為爾否？」佛言：
「大善快問！我正欲說，汝今復問。善男子！若比丘比丘
尼、國王太子、大臣宰相、三公百官、萬民庶人，行慈孝
者，皆應先為所生現在父母、過去七世父母，於七月十五

> 日，佛歡喜日，僧自恣日，以百味飯食，安盂蘭盆中，施
> 十方自恣僧，願使現在父母，壽命百年無病，無一切苦惱
> 之患，乃至七世父母離惡鬼苦，生人天中，福樂無極。是
> 佛弟子修孝順者，應念念中，常憶父母，乃至七世父母。
> 年年七月十五日，常以孝慈，憶所生父母，為作盂蘭盆，
> 施佛及僧，以報父母長養慈愛之恩。若一切佛弟子，應常
> 奉持是法。」時目連比丘、四輩弟子，歡喜奉行。[11]

經中講述目連得道後，欲超渡已往生之父母，但卻見母親變成餓
鬼，不能飲食，目連遂以鉢盛飯給母親，可是飯竟化為火炭。後
來目連求助於佛，佛要他在七月十五日設美食供養十方僧眾，如
此方能使現世父母與六親眷屬，出三塗之苦而得解脫，目連遵照
佛之指示辦理，其母也得以脫離餓鬼之苦。由於目連在《盂蘭盆
經》中表現出「救母」之孝子形象，中國人便根據此一記載，將
「目連」視為大孝之人，故由祂來宣揚孝道乃是最適當的安排，
因此舉凡打柱死城、打血盆、挑經等與「目連」有關之科儀，在
「教化」面向的推展上，「孝道」的義理即成為一項大力倡導之
主題。

「孝道」是中國長久以來極為注重的行為準則之一，李亦園
曾說：

> 在傳統的行為規範中，特別著重的是作為子女的角色；這

---

[11] 西晉三藏法師竺法護譯《佛說盂蘭盆經》，頁 1~11，臺中市：瑞成書
局，1977 年再版。

一角色可用一個字代表之，那就是「孝」。所謂「孝」，就是「虔敬服從、善事其親」，……在中國，數千年來對這一角色的扮演可謂極為成功，已經到了無懈可擊的地步。……這是因為作為傳統中國一切倫常基礎的這一行為準則，在中國人的社會化過程中極為著重，從而已經內化於中國人的「心」中，所以他們認真地扮演這一角色；他們在扮演這角色中，實際上已完成了數方面的功能，也就是說已經滿足了多方面的需要；在社會方面，因為這一角色的認真扮演，整個社會的結構得以保持，自不待言；在個人方面，因為這一角色的扮演，可以使個人得到榮譽、讚許和地位，可以滿足個人在這方面的需要；但是更重要的一層，是因為這一角色的認真扮演，社會得以發生應有的作用，團體得以維持，個人的安全也就得到保障。……這很顯然地是滿足了個人的生物性與社會性的基本需要了。[12]

可見中國人對「孝道」十分重視，它不僅能維持個人的地位，甚至能鞏固整個社會的結構，所以「孝道」：

可說是中國「大傳統」與「小傳統」的核心，為儒家孔孟理想的道德世界落實到社會上來，與社會結構相互契合的

---

[12] 李亦園《李亦園自選集》，頁 250~251，中國上海：上海教育出版社，2002 年初版。

一種倫理規範，因此「孝」位居人倫之首要。[13]

基於「孝道」有其特殊價值存在，故釋教法師自然不敢忽視這層重要性。又：

> 喪禮本身就是孝道的一環，《論語・為政篇》：「孟懿子問孝，子曰：『無違。』樊遲御，子告之曰：『孟孫問孝於我，我對曰無違。』樊遲曰：『何謂也？』子曰：『生，事之以禮；死，葬之以禮，祭之以禮。』」父母之喪，能以禮處之，即是孝的表現。古喪禮中，孝子升堂不敢由左階而從西階，受弔時在客位而不敢當主人位，是指親人新喪，孝子不忍遽繼其父為主人也；出殯時，須先遷柩朝祖，據《禮記・檀弓篇》云：「喪之朝也，順死者之孝心也，其哀離其室也，故至於祖考之廟而后行。」吾人在世，對於父母，出必告，反必面；死後將葬，先遷其柩朝祖，亦猶活人之出必告也，是孝道之實踐；此外如饋奠之禮，朝夕進盥洗之具與湯飯之食（臺灣地區現仍有早晚捧飯之俗，客家於除飯後仍有留位奉飯之傳統），除了是一種感恩之儀式外，更具有教孝之意義在內，……喪禮，它不僅是一場安頓死者體魄與精神之禮，更是一場教導活人孝順

---

[13] 郝譽翔《民間目連戲中庶民文化之探討》，頁 77~78，臺北市：文史哲出版社，1998 年初版。

的社會教育。……[14]

可見喪禮與「孝道」之間的密切關係，因而在喪葬拔渡法事舉行時，釋教法師會秉持傳統的宗教弘道信念，於儀式中不斷地「機會教育」，反覆宣揚「孝道」的觀念與精神，務使孝眷人等或在場的眾人可以從中「受益良多」。

　　舉例而言，在打枉死城、打血盆科儀的演法過程中，扮演目連尊者的釋教法師手持錫杖攻破「枉死城」（或「血盆池」），並順利找尋到亡者的下落後，便會要求陽世孝眷人等（打血盆則為亡者之親生子女）來保領遭受禁錮的亡者，釋教法師會在正式保領前向遺族詢問：

> 今夜打完血盆，脫了苦輪，未亡的親生子欲來認親魂喔！
> 亡魂顯姓閨名○○○媽○氏一位正魂，是恁的媽媽，恁的
> 媽媽在這個血盆池中受苦，恁敢保領她起來否？敢的話就
> 給她大叫三聲，叫恁的媽媽起來喔！[15]

亡者的親生子女在此一關鍵時刻，聽到釋教法師如此詢問，絕對是會毫不猶豫的大聲叫喊，因為母親是為了生兒育女，才會背負「血湖之罪」並囚禁於「血盆池」內，由儀式的角度觀之，親生子女來保領亡者，固然是為其「救贖」的方式之一，但若從非儀式的方向來分析，此舉實為子女盡「孝道」的最佳表現。之所以做如此解釋，係因母親賦予子女們珍貴的生命，更費盡心力的養

---

[14] 鍾福山主編《禮儀民俗論述專輯（第四輯）─喪葬禮儀篇》，頁 81，臺北市：內政部，1994 年初版。

[15] 資料來源為 2006.1.16 花蓮縣新城鄉順安村王府午夜出山功德錄音。

育及栽培，故當母親往生後於「血盆池」內受苦時，為了讓母親
能脫離禁錮的遭遇，子女們遂延請釋教法師來行法超薦，有了可
以拯救母親的機會，亡者的親生子女當然要好好把握，藉自己的
身份與力量來保領母親，使她擁有被「救贖」的希望，這種子母
間親情的展現，正是子女為母親所盡的「孝道」。同樣地，在打
枉死城科儀中，釋教法師亦帶領孝眷人等，無論其身份是亡者的
子女、媳婦、女婿或孫兒，所有的遺族都遵循著法師的指導，透
過自己的至誠來保領亡者出「枉死城」，以便亡者能接受後續的
「救贖」，而就在亡者蒙獲保領的當下，也表示孝眷人等盡了自
己應盡的最終「孝道」。

　　若為打血盆科儀，則子女們在保領亡者後，還必須替母親喝
下「血盆水」，此舉除了能斷絕會讓亡者禁錮於「血盆池」內的
主因外，亦表示子女們對母親養育之恩的報答。誠如第五章第二
節之「救贖」所論，導致亡者遭受禁錮的主因為生兒育女之「血
水」，如今這蘊育出子女生命的「血水」，竟成了亡者遭禁錮而
不得超生的「罪魁禍首」，故子女們若仍要在母親往生後盡一己
之孝，最好的方式之一便是代替母親喝完「血水」。基於此理，
釋教法師遂於亡者被保領後，便云：

> 今夜打了血盆，脫了苦輪，一同的親生子要來認親魂，要
> 來認恁母親的一點血路。亡者顯妣閨名○○○媽○氏一位
> 正魂，在她青春之時，生了孝男○○、孝女○○，恁攏是
> 恁老母所親生的喔！那她生恁的時候所流的血水，恁敢喝
> 嗎？敢的話，就給它喝一嘴。恁兄弟姐妹喝完母親的血盆
> 水，報答母親養育恁的親情，今夜這場功德若做完畢，就

會超拔她老大人早昇西方極樂世界而去。[16]

由上述的唸詞可知，在釋教法師的定義裡，親生子女喝完的「血盆水」，便是報答了母親偉大的養育之恩，故孝男、孝女們於科儀的最終，大夥兒輪流共飲「血盆水」，以此：

代母贖罪（因生產穢血污地熏天之罪），表示亡靈已解血湖地獄之罪得到拔渡，以一無罪之身進入另一個神聖的世界，重新獲得生命的安頓。[17]

在俗信觀念中，西方極樂世界為人最後歸宿之地，而亡者往生後若能順利至此一淨土，則將是其最佳的安息狀態。這如同亡者尚存世間時，子女們會盡己所能，提供最優良的生活品質，藉此展現自己對父母的孝心，雖然現在母親已不幸過世，但子女們仍需對她盡孝以報答親恩，所以使母親擁有一個能安頓生命的世界，便為最迫切的當務之急。可是母親又因背負了「血湖之罪」而遲遲無法超生，故子女們只好以喝「血盆水」的方式代母贖罪，用實際的行動來盡「孝道」，好讓母親重回無罪之身，享有進入西方極樂世界的資格。

　　以上所述是為已往生之父母盡最後的孝道，然而正所謂：「樹欲靜而風不止，子欲養而親不待」，當父母亡故之際，才想起行孝的重要，那時已是枉然，所以不如生前好好奉養，以盡為人子

---

[16]　資料來源為 2005.5.24 花蓮縣吉安鄉吉安村劉府冥路出山功德錄音。

[17]　王天麟〈桃園縣楊梅鎮顯瑞壇拔渡齋儀中的目連戲「打血盆」〉，收錄於《民俗曲藝》第八十六期，頁 63，臺北市：施合鄭民俗文化基金會，1993 年。

女之道，方不愧哺育親恩。因此在挑經科儀裡，扮演目連的釋教法師唱唸「二十四孝」、「十月懷胎」、「勸世文」等，無疑就是要藉喪家尚存之全體成員因法事舉行而齊集之時，採叮嚀勸諫的柔性方式，告知眾人「孝道」的可貴與重要，畢竟逝者已矣，但存者猶在，所以子女仍要孝順健在之長輩，否則一旦緣份殆盡，失去後才知珍惜，卻也只能撫棺痛泣，空留無限遺憾。由此可知，若以「教化」面向來析論臺灣釋教喪葬拔渡法事的科儀，則挑經堪稱宣揚「孝道」之最佳利器，無論是以耳熟能詳的二十四孝故事為例，或講述母親十月懷胎的辛苦，或釋教法師以自我學識涵養而編撰的勸世文，都是要以淺顯易懂的說唱表演，呼籲眾人即時行孝，體會「孝道」的至高真諦，進而達到「教化」的功能。

　　挑經所唱唸的二十四孝[18]、十月懷胎[19]，其唱詞多為釋教法

---

[18] 「二十四孝」係指孝感動天（虞舜）、親嚐湯藥（漢文帝）、嚙指心痛（曾參）、單衣順母（閔子騫）、負米養親（子路）、鹿乳奉親（郯子）、賣身葬父（董永）、行傭供母（江革）、戲彩娛親（老萊子）、拾桑供母（蔡順）、為母埋兒（郭巨）、打虎救父（楊香）、懷橘遺親（陸績）、乳姑不怠（唐夫人）、扇枕溫衾（黃香）、湧泉躍鯉（姜詩）、聞雷泣墓（王裒）、刻木事親（丁蘭）、恣蚊飽血（吳猛）、臥冰求鯉（王祥）、棄官尋母（朱壽昌）、嚐糞憂心（黔婁）、哭竹生筍（孟宗）、滌親溺器（黃庭堅）。詳細內容可參見不註撰人《二十四孝新歌》，頁1~3，新竹市：竹林書局，1987年初版。

[19] 「十月懷胎」是描述婦女懷孕與養育子女的過程，其內容為：「正月花胎龍眼大，父母有身大受磨。袂食卜吐真坐掛，真真干苦無看活。二月花胎肚員員，一粒宛然那荔芝。田螺吐子為子死，生子性命治水墘。三月花胎人真善，父母懷胎干苦連。腳酸手軟歸身變，倒落眠床咳咳干。四月花胎分腳手，肚尾親像生肉瘤。為著生子難得求，三分

腹肚不時憂。五月花臺分鼻嘴，好物任食都袂肥。腳盤宛然那匱水，腰骨親像塊卜開。六月花胎分男女，恐驚胎神兮參滋。三分那是有世事，靜符緊食緊身軀。七月花胎兮煞位，一日一日大肚歸。行著有時大心愧，一箇腹肚圓錐錐。八月花胎肚凸凸，早暗代志著知防。這號干苦不敢廣，失頭著叫人罩摸。九月花胎兮振動，為著病子不成人。十月花胎苦年代，一個腹肚即大咳。想著卜生流目滓，求卜順事生出來。一家大小亂亂返，各人少想抄頭毛。摸著查埔說有秧，歡喜趙破三塊磚。生著查某面憂憂，一個面孔打結球。戰戰彩彩罔從就，無省卜恰人應酬。生了三日做完滿，油飯唇邊倖一盤。戇尨看見塊流涎，治塊想卜食雞肝。三日做了做滿月，油飯無到閣再炊。戇尨愛食不敢說，伸手來塊捻雞皮。滿月做了四月日，戇尨想卜食雞翅。一日無想卜作失，好呆怎廣袂朝直。閣無外久做度祭，看見戇尨真笑科。歡喜有了袂曉說，一日親像狗吹螺。一歲二歲手裡抱，三歲四歲塗腳趖。生著查某無省好，驚了別日做彪婆。五歲六歲漸漸大，有時頭燒甲耳熱。就討靈符來乎帶，看到腰子真受磨。七歲八歲真肴炒，一日顧伊二枝腳。那是不縛就卜打，調督即袂做爭差。九歲十歲教針子，驚伊四繪去庚糸。一日都著教袂是，有嘴廣申無嘴舌。十一十二著打罵，只去著那學做衫。不通食到卜做媽，手野不八提菜籃。十三十四學煮菜，一塊面棹辨分來。別日即有好尪婿，不學到時汝著知。十五十六卜返大，驚了塊去風花。別日卜捧人飯碗，即下孝敬乾家官。十七十八做親成，一半歡喜一半驚。去那有緣得人痛，父母塊伊好名聲。有孝不敢討嫁粧，不孝受氣嫌無物。干乾飼子無論飯，瓊真起來真無長。飼著有孝查某子，三分代志返來行。是伊麻油菜子命，提來物件歸大廳。飼著不孝查某子，親成五什人人驚。開嘴著卜討物件，無論多少葉塊行。有孝查某行做前，出山倩人夯龍鐘。報答親恩真敢用，吩咐鼓吹倩香亭。不孝查昧真正敢，一箇親像破菜籃。來到甲人相罵，少想卜來討麻衫。有孝查某有情份，刁工閣來做三巡。聽伊塊哮無宿困，卜硯籃拔報親恩。不孝任無惜本份，無用閣卜想通春。食到汗流無宿困，少想偷捻人衫裙。有孝跪塊一直哮，不孝也無目滓流。有孝等候燒靈厝，不孝查某嫌箱久。有孝查某來寄庫，不孝偷提馬茶

師參照坊間的「歌仔冊」[20]而擬作，故內容大同小異。至於勸世文則變化較多，每位釋教法師所唱唸的文句皆有其個人特色，常令人百聽不厭，例如：

> 我吲勸恁「有孝」兩字的好啊！閒閒聽我勸世文，小姐先生慢且走，來學有孝才會有肴。這是別人勸我我勸人，勸恁「不孝」兩字真不通，就知父母的輕重。父母生子是艱苦代，喇溼喇乾咱也知，父母恩情深似海，有孝父母合應該。有孝父母不會被人家笑，不孝父母大不對，不想小漢喇屎甲喇尿，允允幼幼喇甲大。父母生子是世傳世，世情看透無幾個，有子的人叫做有後代，無免無人來滌代。無子的人免苦嘆，眼睛所看真濟人，生到好子就有望，生到歹子艱苦歸世人。生到好子就有靠，目尾親像頭毛長，無意生到歹子親像雞母孵破蛋，苦心付出無彩工……（下略）。[21]

在上述的勸世文內容中，釋教法師一開頭即勸告眾人「孝」的重要，「有孝」是好的，是聰明（有肴）的，而「不孝」則是千萬

蘇。有孝查某是真苦，不孝愛食大腸圓。父母痛子在心頭，子孝父母放水流。尋無幾箇想分到，分曉順情來行孝。父母生子干苦代，有孝分人天地知。養育深恩親像海，用心報答即應該。眾人來聽今著散，聽到即久無因單。乎恁父母耳耳看，心肝親像打算盤。」不註撰人《十月花胎》，頁 1~3，新竹市：竹林書局，1989 年九版。

[20] 釋教法師參照的多為新竹市竹林書局所發行之「歌仔冊」。

[21] 資料來源為 2005.6.5 花蓮縣花蓮市國富十街李府午夜出山功德錄音。

不要（真不通），且宣揚「父母恩情深似海，有孝父母合應該」的道理，苦口婆心的希望在場的聽眾能瞭解「孝道」是人生的至寶。另外，有的釋教法師還會以更淺顯生動的口吻來講述「孝道」，如：

> 千經萬典，「孝」字是為先。講咱們中國的歷史有數千年，咱們的古早人，道德家、文學家，所講的道理，所做的經書，講甲這麼多，這裡面卡輸一個「孝」字。一切之事，「孝」字為先，有孝或不孝，不是說這個人他的學問真好，他的智慧真高，他就會孝順，如果這樣，那些不識字的人，難道就卡不孝嗎？當然不是這樣，「孝」是天性，完全發自咱們的內心，人家講：「父母不親誰人親？不敬父母是要敬何人？」父母在生，咱們若不奉敬，死後何用哭鬼神。千兩黃金千般用，萬兩黃金難買咱們親爹娘。講千兩黃金千般用，萬兩黃金難買咱們一對親爹娘，世間上什麼最好？當然是錢最好，有錢萬事通，走路真威風，錢若是無，別人目地就來看咱們無。人家講錢濟錢多掠人來打七逃，使鬼就會來替咱們磨石磨，雖然說錢是好，錢是寶，但是我甲恁講，咱們的父母卡贏寶，安怎講呢？因為講咱們今仔日錢若無，明天卡努力再出外去賺就有了，講難卡聽一點，咱們先跟厝邊隔壁借一下也有。但是今仔日，咱們的父母若是來登仙過往，離開了這個世間，就算講你有存夠卡多的錢財，咱們想說要甲咱們的父母再買回來，難道有

法度嗎？永遠攏是無。樹欲靜而風不止，子欲養而親不待，講到咱們做人子的人，就要等到父母他們來不在的時候，咱們才會來感受到父母他們的好，那個時候給咱們知道，但父母也已經沒了，在生若是有奉敬咱們父母一粒豆，卡贏咱們出山是拜豬頭……（下略）。[22]

在此釋教法師重申「孝道」的重要，並將其定位為世間一切事的首要，且「孝道」是天性，無關才智高低，完全是發自人的內心。而奉敬父母即為「孝道」的表現，必須趁父母還在世時就盡力奉養，否則等到父母往生後才感受到他們的好，那時就已經太遲了。

除了一再宣揚「孝道」是何等的重要外，釋教法師還會在勸世文的內容裡，詳述父母養育子女的甘苦：

講到手抱孩兒才知父母時，十月成人來出世，沒穿衫褲哭和啼，父母苦心來養飼。允允幼幼母來養，對待雙親要順從，對著父母就敬重，不通不孝無天良。父母疼咱若寶貝，老母懷咱十個月，若無母親就無咱，生產危險是真濟。生得過子雞酒香，生不過子四塊板，父母恩情是真重，做子若來不孝罪真重。講到父母在疼子，不時背咱在這個加蔗膣，邊背邊搖疼命命，不甘乎子土腳行，夠卡無閒也要抱，不甘乎子土腳趖。若無破病是真好，身苦病痛心就謅，身苦病痛看醫生，子兒不時抱著著，父母苦心用不少，驚寒

---

[22] 資料來源為 2005.6.4 花蓮縣吉安鄉太昌村朱府冥路出山功德錄音。

驚熱驚子天。做人母親若無乳，不時為子來無閒，若泡牛奶驚燒冷，烙屎就要找醫生。飼奶也要看時陣，牛奶冷升火攔再溫，大人為子無吃睏，父母抱子來照輪，把屎把尿沒準煞。允允幼幼捏到大，父母飼子度量是真闊，飼愈大陣愈拖磨，小漢苦不飼大漢，飼咱們大漢心才安，做人子不通害到父母來怨嘆，怨嘆生咱們飼咱們是無彩工……（下略）。[23]

藉此讓為人子女者在聆聽的同時，能感念父母親昔日對自己所做的無私付出，並勸告：

咱們做人子兒就孝順，報答父母養育恩，賺多賺少卡儉準，娶某生子好傳孫。做人子兒就奉敬，報答父母的恩情，賺多賺少卡儉用，人講家和就是萬事成。做人子兒就順從，不通不孝亂主張，若是不孝爹共娘，後世一定頂咱樣。問咱們這身從哪來？免講大家攏麻知，就是父母甲咱晟長大，做子若來不孝是萬不該。今暝阮挑經的欲勸咱們在座做人子的人，咱們就要孝順咱們的序大人，就像講咱們的生死關，有眾樣來乎咱們做模範，咱們做人子的就不通不孝或是太過極端。烏鴉有反哺之恩，羊兒有跪乳之恩，連那個禽獸他們都會孝順他們的序大人，何況咱們出世為人，人是萬物之靈，咱們有智慧，咱們有靈性，今仔日有

---

[23] 資料來源為 2005.6.10 花蓮縣壽豐鄉豐裡村劉府冥路出山功德錄音。

　　聽阮挑經的來講，咱們要分明，就要報答父母的恩情。[24]

釋教法師以「烏鴉反哺」、「羊兒跪乳」等例子，來提醒身為「萬
物之靈」的人類要孝順父母，否則會連「禽獸」都不如。如此用
心的叮嚀，絕非僅講述給喪家的孝眷人等知曉，而是透過這拔渡
法事的舉行時機，將「孝道」之珍貴性介紹給現場的每一個人，
無論其身份是喪家的親戚、朋友、鄰居，或是其他前來協助喪葬
事宜的人，甚至是路人或純粹來「看熱鬧」的「閒雜人等」，只
要聽到釋教法師的講述，都能夠有所省悟，檢視自己是否有對父
母、長輩孝順，因為「若是不孝爹共娘，後世一定頂咱樣」，且
畢竟「孝順還生孝順子，忤逆還生忤逆兒，不信但看簷前水，點
點滴滴無差移」[25]是足以讓人警惕的真言至理。

　　在昔日的傳統農業社會中，挑經科儀除了具有宣揚「孝道」
的教化功能外，更是民間檢視孝眷人等對亡者有無做到「最終孝
道」的管道之一。因挑經的壓軸即亡者順利隨目連超生西天佛
國，雖然親人安抵極樂淨土值得欣慰，但想起日後將一別千古，
離別的不捨及痛苦便頓時湧上心頭，使尚存的孝眷人等難以壓
抑。所以當目連要引領亡者至西天參佛拜聖前，會先行以內容悲
愴之口白，喚起孝眷人等喪親的哀思，使他們隨著挑經的劇情步
伐來宣洩內心的情緒。在此茲舉一例口白如下：

　　咱們最敬愛的母親大人，今仔日不幸來甲咱們離開，想到
　　她老大人在生的時陣，奉敬在咱們的唇內，當恁回來的時

---

[24] 同上註。

[25] 資料來源為 2005.6.5 花蓮縣花蓮市國富十街李府午夜出山功德錄音。

陣，看到她會叫她一聲、兩聲阿母，她就會來甲恁應，當
這些孫子回來的時陣，看到她叫她一聲、兩聲阿媽，她老
大人不知會多歡喜，也不知會應幾聲。但是現在她老大人
躺在咱們的廳頭，恁這些子子孫孫在她身軀邊啼啼哭哭，
她也無反應，就算恁甲她叫千聲、萬聲，她也無法度來甲
恁應半聲。日後等恁轉來厝的時陣，從恁的厝前找到恁的
厝後，已經找無她老大人的形影。那當時恁甲看，看恁的
厝邊隔壁，人家是還有一個母親可以叫，還有一個媽媽可
以喊，而恁呢？[26]

當孝眷人等聽到目連的悲訴，再看到親人冷冰冰的遺體正停放在
家中，回想起昔日歡樂的點點滴滴，格外觸景傷情，以致會不由
自主的跪地號哭，並伸手緊拉放置魂帛的謝籃，不忍親人隨目連
上西天。或許起初的「拔渡親人上西天」之目的，與此時的「不
忍親人上西天」之反應，乍看之下會有所矛盾及抵觸，不過若以
「孝」字來貫串兩者，則可明白孝眷人等因欲對亡親報孝，故舉
行法事來「拔渡親人上西天」，但又因欲挽留亡親來繼續行孝，
故拉籃以示「不忍親人上西天」。可是人死已矣，因此孝眷人等
最終僅能「報孝」，而永無「行孝」之期，基於此理，無論如何
「不忍」，也必須成就「拔渡」大業，藉此盡上為人子女的「最
終孝道」。所以打枉死城、打血盆、挑經等與「目連」有關的科
儀，在宣揚與提倡「孝道」上的貢獻，就如同李豐楙所論：

---

[26] 資料來源為 2005.4.21 花蓮縣光復鄉大安村徐府冥路出山功德錄音。

目連戲是一種「孝戲」，在死別的氣氛中表現出子女對於父母的孝思，不管是靈寶派所採取的諧謔性演出，或是釋教的哭戲，都是試圖經由目連的角色形象來指導孝眷人等，較深刻引發孝子在出殯前其孺慕之情。所以他們所著重的是目連故事中教孝的精神，而較不計較戲中諧謔的表現形式是否與喪禮的氣氛有所衝突！也就是目連戲是被視為一種教化、勸化戲，是村鎮中讀過「漢學」的知識人所表現的宗教淑世精神。[27]

而「孝道」的真諦也就在這些科儀的真情中娓娓展露。

第二節　倫理道德—悌道與善行

「倫理」與「道德」，前者係指人倫的道理，後者則指大眾應遵循的理法，但後者所遵循的必須是合於前者規範內的理法，可見兩者關係之密切，故本節將「倫理」與「道德」合而為一來討論，並以「挑經」為例，藉以觀察釋教科儀如何在「教化」面向上盡到宣揚「倫理道德」的功能。事實上，釋教法師之所以會極力透過喪禮的場合來對眾人「教化」，主要是喪禮在中國社會中有其相當特殊的文化價值，李豐楙曾云：

……對於具有濃厚農民根性的中國村落裡的家族文化而

---

[27] 李豐楙〈複合與變革：臺灣道教拔渡儀中的目連戲〉，收錄於《民俗曲藝》第九十四、九十五期合訂本，頁 93~94，臺北市：財團法人施合鄭民俗文化基金會，1995 年。

言，人與人的關係是靠土地、家庭等來維繫，但是這些紐
帶關係目前已逐漸被改變，在都市及工商業社會中，家
庭、家族內的人際關係也變得較為疏淡。因而喪禮也就成
為少數的凝聚家人、族人的機會，家族內每個個人在群體
中都可在五服關係的區分中重新確認其身分地位，形成彼
此間需要講究的秩序、先後的差序關係。類此家庭、家族
關係的反覆地重合和凝聚，常激起現代人對於農業生活、
對於休戚與共的村落家族共同體的懷念，對於忙碌的現代
人而言，這一促使人際關係的紐帶密切結合的喪葬禮俗，
其實直至今日仍具有其不可忽視的社會文化價值。[28]

因喪禮一直扮演著維繫家族關係的重要角色，且家族成員於此一
時刻才有機會「全員到齊」，故釋教法師當然會好好把握住這個
良機，對喪家的所有大小老幼予以「教化」。而「倫理道德」中
除了上述之「孝道」外，「悌道」是一個家族賴以鞏固的基石，
「善行」是家族成員待人處世的基本準則，一內一外，相輔相成，
因此在講述「孝道」之餘，「悌道與善行」遂成了釋教法師在挑
經時所要傳達的另一個「教化」觀念。

　　為了使「教化」的功能徹底顯揚，並且讓現場的參與者能更
有興趣聆聽挑經，故釋教法師除了選擇淺顯易懂的道理來宣揚
外，還會適時講述一些耳熟能詳的歷史故事，以此加深「倫理道

[28] 李豐楙〈道教齋儀與喪葬禮俗複合的魂魄觀〉收錄於李豐楙、朱榮貴
主編《儀式、廟會與社區—道教、民間信仰與民間文化》，頁 482，
臺北市：中央研究院中國文哲研究所籌備處，1996 年初版。

德」觀念在人們心中的影響力。比如「豆萁詩」的故事，即為釋教法師在對眾人進行「悌道教化」時，最常引用的一則典故，其口白如下：

> 這「豆萁詩」的故事，我相信在座有讀過書的應該都了解，就是說在咱東漢末年的時候，也就是三國時代，有一個奸臣，名叫曹操，曹操有三個兒子，大漢的叫曹丕，第三的叫曹植。曹植，字子建，學富五車，文武是全才，所以說很受到曹操來給他疼重，不過老爸疼么子，這就讓大漢的很不願。後來曹丕篡漢，曹丕做皇帝，叫做魏文帝，他對這個弟弟平常時就很不滿，不時就找他的麻煩。有一天，他在金鑾殿上，叫曹植出來，要求他七步之內必須作成一首詩，不然就要他的命，但這個曹植不用走七步，他走三步就吟出一首詩。他說：「煮豆燃豆萁，豆在釜中泣。本是同根生，相煎何太急。」這首詩的意思就是說，你甲我兩個人，本來是同一株豆仔樹所生的，咱們兩兄弟不要一個人在鼎頂乎人仁，另一個人卻在灶孔底升火，這樣叫做兄弟互相殘殺，會被世人恥笑，這就是「豆萁詩」的故事。所以勸咱們做兄弟的，就要卡和好一點，人家說：「兄弟不合不成家」，擱乎外人來甲咱提醒，咱家庭從此會大可憐。[29]

---

[29] 資料來源為 2005.12.7 花蓮縣壽豐鄉豐山村張府冥路出山功德錄音。

由「豆萁詩」的故事來勸告喪家的兄弟們要和好，千萬不能自相
殘殺，否則將會淪落到「不成家」的可憐地步。此外，釋教法師
亦會利用唱唸「勸世文」時來勸誡遺族，如：

> 勸咱們做人兄弟就要和順，不通一日吃飽吵鬧講要分，人
> 講分開吃洗瑣費重，又被外人恥笑害家風。今晚阮挑經的
> 要來勸咱們各位兄弟姐妹要和好，人家講兄弟像手足，兄
> 弟就像咱們人的手，和咱們人的腳同款，厝內若有四個兄
> 弟姐妹，表示一個人的腳手真齊全，要出外去奮鬥，去打
> 拚，是真容易，萬不幸咱們若是失去一個兄弟，就像是咱
> 們人斷一隻手，欠一隻腳同款，咱們若是斷一隻手，要吃
> 飯是真不方便，欠一隻腳，要來行動也真不容易。所以講
> 兄弟是像手足，萬項事情咱們就要斟酌，人家講家和萬事
> 成，家內若不和是萬事貧，兄弟若能兩人共一心，咱們厝
> 內的黑土就會變成金，兄弟若是兩人有兩樣心，厝內會窮
> 到無錢帖油買燈心。人家講掠賊打虎也是要親兄弟，外人
> 看到老虎走離離……（下略）。[30]

依照臺灣現今的社會狀況而言，人過世後往往會留下一些遺產，
通常遺產多為現金、股票、不動產等極具價值的物品，若子女們
在處理父母的遺產時能和氣地平均分配，達到「皆大歡喜」的局
面，或許可以藉此穩固家族的團結。相反地，子女們若因利慾薰

---

[30] 資料來源為 2005.4.21 花蓮縣光復鄉大安村徐府冥路出山功德錄音。

心而「見錢眼開」，為了爭得父母的遺產害得彼此互不讓步，那麼就會傷了手足間的和氣，正所謂：「講到錢就傷感情」，原本父母留下遺產給子女是樁美事，但最後竟導致家族情感破裂，這或許是亡者所始料未及的。有鑑此類事件層出不窮，所以釋教法師用心地勸誡遺族，希望喪家的兄弟姐妹要相親相愛，畢竟「掠賊打虎也是要親兄弟」，「家和」方能「萬事興」。相信以如此平凡且生動的口白來勉勵眾人力行孝悌之道，其成效或許會比書本上教條式的規章還要顯著，而挑經在「教化」面向上的內涵與功能，也就隨著扮演目連的釋教法師口中，被一點一滴的仔細道出。

　　又為了使在場的每個人都能從挑經的過程中得到「教化」，所以當釋教法師在傳達「倫理道德」觀念時，就必須以「淺顯易懂」為前題，如此一來，使得挑經中涉及「倫理道德」的內容，多半皆為婦孺皆知的「老生常談」。雖為再平凡不過的道理，但既然是「道理」，便有其不容忽視的啟發價值存在，而「善行」的觀念，就是挑經最常宣揚的一項道德觀念，茲舉一例口白如下：

　　　　一念之善，心中坦然。一念之善，就是說小小的好代誌，

　　　　小小的好代誌，咱們做了以後心中會覺得非常有意義，為

　　　　善不欲人知，咱們要來做好代誌，不是為了做風神事，莫

　　　　為善小而不為，不要以為說小小的好代誌，咱們就不願意

　　　　做，莫為惡小而為之，也不要以為小小的壞代誌，咱們做

　　　　了也不太要緊，不通有這樣的心理，所以講一念之善，心

中坦然。[31]

以「莫為善小而不為，莫為惡小而為之」來「教化」大眾，乍看之下釋教法師只是利用了一個極其平凡的道理，雖無任何特殊之處可言，但就因這層「平凡」的色彩，使得這項道德觀念比起其他高深的廟堂理論更為平易近人，無論是大人或小孩，只要是在場的每一個人，當他們聆聽完挑經後都能將此道理牢記在心，進而予以發揚，真正實踐「為善」的崇高精神，由此便可窺見這「平凡」道理中隱藏的「不平凡」之處。

第三節　小結

　　總結本章所論，因傳統「目連」形象的精神，與「目連救母」故事強調的觀念及思想，皆圍繞著「教化」功能在運作，使得釋教喪葬拔渡法事的科儀中，凡與「目連」有關者，自然也肩負「教化」面向的責任。經「目連」而傳達出的「教化」內容，多為孝、忠、善、節、義等儒家倫理道德，所以當釋教法師在運用「目連」形象來宣揚「教化」功能時，遂以「孝道」和「悌道與善行」為兩大主軸脈絡。比如釋教法師於打枉死城、打血盆科儀時，帶領孝眷人等保領亡者，讓亡者有機會得到「救贖」，亦使遺族能藉此舉來向亡者盡上最終的「孝道」。又親生子女為感念母親生育之恩，且不忍母親因生兒育女而遭受「血湖之罪」，因此在打血盆科儀的過程中，由釋教法師引領親生子女喝下「血盆水」，藉「代母贖罪」的行為來盡「孝道」，讓母親能以無罪之身超生西

---

[31] 資料來源為 2005.11.2 花蓮縣花蓮市中美路陳府冥路出山功德錄音。

天。在指導孝眷人等以「實際行動」對亡者盡孝之餘，釋教法師還會透過口述的方式，像是利用挑經的演法場合唱唸「二十四孝」、「十月懷胎」、「勸世文」等，以淺顯易懂的說唱表演，呼籲眾人即時行孝，體會「孝道」的珍貴，進而達到「教化」的功能。除此之外，釋教法師亦於挑經的唱唸內容裡，適時地傳達倫理道德的觀念，雖然這些都是極平凡的「老生常談」，可是卻貼近庶民社會，反映了實際的國民思想、性格，與大眾所追求的價值觀。故無論苦口婆心的講述是「孝道」、「為善」的道理，或是以「豆萁詩」等故事來宣揚「悌道」的重要性，在在皆為釋教法師於「教化」面向上所做的努力，值得我們予以正視與肯定。

第七章

「儀式戲劇」科儀之娛樂意義

　　一般人對於喪葬場合的印象往往都是哀傷、悲悽的，因為喪家遺族突然面臨至親亡故的打擊，與生離死別的痛苦，當心理狀態無法調適時，只能藉由流淚哭泣的表現來宣洩內心情緒，畢竟「眼淚」在中國人的喪禮過程中扮演了重要的角色，何顯明於《中國人的死亡心態》一書裡曾說：

> 中國人是一個相信眼淚的民族，在歷史上，儒家基於古樸的人道主義情懷和維護宗法倫理秩序的需要，充分肯定人在臨喪時的悲戚哀傷之情，並要求人們將內心的悲傷充分地表現、宣洩出來。這樣，痛哭號泣都是可以接受的，這種形諸聲容舉止的哀傷正是生者對死者親愛之情的體現，是生者對死者孝意的表達。中國人在日常的生活中，以理智、冷靜、平淡、謹嚴、肅穆著稱於世，但這只是民族性格的一個方面。遇到死亡這種生命的大變故，內心的悲傷之切，外在表現的強烈，與平日生活的理智和冷靜形成了鮮明的對照，在世界各民族中其特色同樣也是顯著的。平日為理智謹嚴的生活風格壓抑了的情感，必須藉助臨喪這樣的時機，將它盡情地宣洩出來。[1]

因此痛哭號泣所構築成的悲悽氣氛，遂成了喪禮給予人們最顯著的一個印象。但遺族與親友心中的哀傷情緒，除了運用哭泣來宣洩外，更可以透過喪葬儀式予以舒解，因：

---

[1] 何顯明《中國人的死亡心態》，頁52，中國上海：上海文化出版社，1993年初版。

死亡是人生中最嚴重的關口危機，一個人必須拋卻他一生
之所有，去面對不可預知的情境，心情之複雜可想而知，
對於其親人同樣處於危機關口，死亡是種家族成員關係平
衡的打破，對於其所屬的社會亦復如此，所以人死不只是
個人的不幸，也是家族社會的損失，全體成員都必須重新
調適。由於生者無法確知死後的世界，也無從瞭解死者之
意願，是以對死者的感情在哀傷中夾雜著恐懼，這種情緒
必須有以紓解與宣洩，以免以死害生，喪葬儀式因而產
生。[2]

由上述的解釋可知，如何安排一個適當的管道來讓喪家遺族宣洩
和紓解情緒，便成為中國人在處理喪事時所要考量的問題之一，
所以無論是痛哭號泣也好，或者是舉行喪葬儀式也罷，這些行為
主要都是避免以死害生，協助孝眷人等的心情儘快恢復，早日重
回正常的生活軌道。

　　但是若從臺灣實際的喪葬場合中觀察，當人們以痛哭號泣或
喪葬儀式來宣洩情緒之餘，亦會在整個為亡者送終的過程裡，安
排一些帶有「娛樂」性質的活動，以此調和氣氛，並做為舒解情
緒的要素。舉例而言，在臺灣鄉間的喪禮中，經常會有各式文武
陣頭的表演，例如牽亡歌陣[3]、三藏取經[4]等，這些陣頭在表演

---

[2] 莊英章、許嘉明、呂理政、莊世瑩、陳慧霞《從喪葬禮俗探討改善喪
　　葬設施之道》，頁46~47，臺北市：行政院研究發展考核委員會，1989
　　年初版。

[3] 有關「牽亡歌陣」的研究，詳細內容可參閱黃文博《臺灣人的生死學》，

時固然有其一定的劇情、口白，不過亦穿插諸多與劇情無關，只是純粹展現技藝性質的「額外劇目」，像是翻跟斗、下腰咬錢等，並不時手舞足蹈，扭腰擺臀，種種的「另類」演出無非都是為了達到「娛樂」效果，以增添喪禮的「熱鬧」程度。又部分喪葬拔渡法事會出現「弄鐃」[5]演出亦同於此理，「弄鐃」係表演騎獨輪車、過火圈、耍飛刀、口咬八仙桌等精彩絕倫的特技，以這些演出項目來提供眾人「娛樂」，故：

> 就超渡功能的原意不說，這場表演說是娛靈，倒不如說是娛人，在整個喪葬期間，多少有緩和哀傷氣氛與調劑心情作用，這不也是一種節哀順變？[6]

透過各式表演來「娛人」，使孝眷人等因至親亡故而慟慟的情緒稍撫，並進一步轉化成孝心的助力，期勉自己要將親人的後事辦妥，以報答浩蕩親恩。由此可見，「哀傷」雖為喪禮氣氛的主要

　　頁 80~117，臺北市：常民文化事業股份有限公司，2000 年一版，及林茂賢〈臺灣的牽亡歌陣〉，收錄於曾永義、沈冬主編《兩岸小戲學術研討會論文集》，頁 111~131，臺北市：國立傳統藝術中心籌備處，2001 年初版。

[4]　「三藏取經」所演出的劇情係依明吳承恩「西遊記」為主，但僅表演孫悟空、豬八戒、沙悟淨護送唐僧到西天取經的過程，有關「三藏取經」的研究，詳細內容可參閱黃文博《跟著香陣走—臺灣藝陣傳奇續卷》，頁 104~105，臺北市：臺原出版社，1991 年一版。

[5]　有關「弄鐃」的研究，詳細內容可參閱陳健銘《野臺鑼鼓》，頁 211~215，臺北板橋：稻鄉出版社，1995 年再版。

[6]　黃文博《閒話人鬼神—臺灣民俗閒話》，頁 102，臺北市：臺原出版社，1994 年一版。

構成因子，可是「娛樂」卻也不時隱藏於各類事物之中，藉此沖淡喪禮帶給人們的感嘆與悲痛。

而「娛樂」在喪禮中所藏身依附的事物，除了上述的陣頭表演及「弄鐃」演出外，喪葬拔渡法事的科儀亦為一個重要的媒介，但並非所有的科儀皆適合，必須是擁有傳統民間小戲色彩的科儀才能與「娛樂」相互結合。因「小戲」為戲劇之一環，戲劇本身即有「娛樂」的目的，尤其小戲以「滑稽」為本質，故能插科打諢，以達到趣味的效果，而打枉死城、打血盆、挑經、過橋等科儀，也因為皆具備戲劇之色彩，遂成了最適合「娛樂」依附的喪葬拔渡法事科儀，釋教法師在這些科儀的演法過程中，攙雜了大量的「笑點」予以點綴，使科儀擁有了調劑大眾的功能。因此本章以「娛樂」面向出發，觀察釋教法師在打枉死城、打血盆、挑經、過橋等科儀中，採取何種方式來製造「娛樂」，並探討這樣的「娛樂」背後究竟具有什麼實際功能。

第一節 滑稽的鬼神

由於喪葬拔渡法事的宗教色彩濃厚，故其中的科儀皆與鬼神有關，在一般人的心目中，鬼神自有其不容輕犯的崇高地位，但鬼神卻因為與科儀有著密切關連，所以當釋教法師在尋找散播「娛樂」的最佳角色時，科儀中的鬼神便成了再恰當不過的選擇。如此一來，使得有著「娛樂」成份的科儀中所出現的鬼神，其形象已不是面目可憎的驚聳駭人，或高高在上的聖潔莊嚴，而是搖身一變，變成滑稽逗趣的甘草角色，充滿了活潑的喜感。例如打枉死城、打血盆的演法過程裡，當扮演目連尊者的釋教法師到達「血盆池」（或「枉死城」），並帶領孝眷人等至各方關門找尋

亡者的下落之際，凡目連尊者每到一個關門前，便與把守關門的鬼將有所交會，然後要求鬼將打開關門放行，好讓孝眷人等找到遭禁錮的親人。可是各方把守關門的鬼將不同，有的一聽到目連尊者的名號，就迅速地打開關門放行，有的則是不給面子，甚至予以刁難，茲舉一例口白如下：

目連尊者：中門關的鬼將開門來！

鬼　將：外面是什麼人喊甲大小聲？

目連尊者：我乃靈山釋迦弟子目連僧正是。

鬼　將：是目連僧喔！若是欲開門就要拿錢財來，沒錢，不開，有錢，打得三通鼓便開。

目連尊者：開門要拿開門禮，但我出家人沒帶錢啦！

鬼　將：沒帶錢喔！那就不幫你開。

目連尊者：沒帶錢就不幫我開喔！甘不能參詳一下？

鬼　將：不能參詳！

目連尊者：那麼硬！

鬼　將：當然囉！這裡面大鬼、小鬼、打鼓鬼、打鑼鬼、歕吹鬼攏要錢來歐西啦！還有邋遢鬼、懶墮鬼、賭博鬼、燒酒鬼、愛睏鬼、胎溝鬼、豬哥鬼也要啦！

目連尊者：不然你稍等一下，我問看麥陽世間的孝眷人等有帶錢來否？

孝眷人等：有啦！

目連尊者：人家陽世間的孝眷人等都準備好了啦！

鬼將：若準備好緊拿來！

目連尊者：有啦！人家孝眷人等去拿了啦！

鬼將：孝眷人等的現金真正多，攏給它拿來也沒關係。

目連尊者：不好啦！拿新臺幣一百元就好了啦！給你小鬼
　　　　　去吃點心。

鬼將：有卡贏無，一百元也好啦！

目連尊者：現在錢拿來了喔！你小鬼就要分乎好，不通擱
　　　　　來找我討，就要分乎好卸，不通賭博賭到廿九暝。

鬼將：陽世間的孝眷人等真正有孝心，拿來這個紅包這麼
　　　　大包，這場功德若是做好以後，乎孝眷人等富貴萬萬
　　　　年！賺大錢！大富貴！[7]

從上述的口白內容可知，鬼將之所以不肯開門放行的原因，主要
乃是想跟孝眷人等索討紅包（開門禮），只要拿錢來「歐西」（賄
賂）一下，關門便能為目連尊者和孝眷人等而開。但鬼將也是釋
教法師所扮演，故與其說是鬼將貪心，還不如解釋為釋教法師藉
演法過程向喪家討賞，鬼將的身份只是無辜的被法師們利用罷
了，而鬼將所說的「大鬼」、「小鬼」、「打鼓鬼」、「打鑼鬼」、
「歕吹鬼」、「邋遢鬼」、「懶墮鬼」、「賭博鬼」、「燒酒鬼」、
「愛睏鬼」「胎溝鬼」、「豬哥鬼」等，事實上正是指壇場內的
釋教法師和後場人員。不過從這個橋段中可以發現到，釋教法師
為了突顯出「娛樂」的效果，不惜大膽地醜化與汙衊鬼神，其實

---

[7]　資料來源為 2005.4.18 花蓮縣新城鄉順安村林府冥路出山功德錄音。

同樣的表演方式，在中國傳統的「目連戲」演出中便屢見不鮮，
郝譽翔曾對此一儀式特質有過解釋：

> 目連戲中對神鬼的汙穢，正代表人類經由演出儀式的過
> 渡，脫離凡俗而進入到神聖的境界中，得以與神鬼平等共
> 處，往來交接，這時瀆神的行為便不能再用平日的標準衡
> 量，反而是代表人類與神靈親近混融的一種方式。所以戲
> 中神明可以放下尊嚴莊重的神格來到塵世，舉止與一般凡
> 人無二，……於是乎在這一方神聖空間裡，神鬼降臨，與
> 凡人平等共處，親密地相互捉狎戲謔，所以才會出現許多
> 令研究者感到詫異不解的瀆神場面。[8]

這段話雖是針對「目連戲」所作的觀察，但釋教法師於科儀中的
演出，卻正也與「目連戲」有著異曲同工之妙。在壇場內，目連
尊者、鬼將、孝眷人等透過科儀的過渡而平等共處，故釋教法師
遂把鬼將塑造成一個視錢如命，只會向孝眷人等要求賄賂的滑稽
角色，對鬼將而言，有錢就一切好辦，沒錢則萬萬不能，其舉止
彷彿是人世間貪官污吏的縮影。又為了營造「笑點」，因此在目
連尊者表明只給一百元紅包後，鬼將竟還恬不知恥的回答：「有
卡贏無，一百元也好啦！」迨拿到紅包，鬼將便一改原本強硬的
態度，不僅大開關門放行，且講好話來祝福孝眷人等，如此的轉
變，成功地把鬼將那貪婪的心理具體描摹出來，鬼神與凡人相互

---

[8] 郝譽翔《民間目連戲中庶民文化之探討》，頁 47~48，臺北市：文史
哲出版社，1998 年初版。

捉狎戲謔，使得嚴肅的科儀頓時洋溢著令人發噱的娛悅氣氛。

在眾多的神佛之中，釋教法師最常運用「土地公」來「娛樂」眾人，「土地公」即「福德正神」，其信仰源自：

> 我國古代設金、木、水、火、土五行之官，五官之長稱正，左傳注有：「五正，五官之長」，又注「土正曰后土」。后土既為土官之名，亦為土神之名，禮記：「中央土，其帝黃帝，其神后土」，並疏「后土官本為共工氏子句龍，後句龍改為社，后土則黎兼之」，並謂「顓頊子曰黎，兼為土官」，據此，則謂古代之土官原為句龍，後句龍長社，由黎兼任，似言社與土有別，惟據白虎通謂：「社、土地之神也」，禮記亦謂：「社、后土也，使民祀焉」，並疏「后土，即社神也」。由是證之，后土即為神社，致通俗編謂：「今凡社神，俱呼土地」。楚辭謂：「土伯」，五經異義課：「今人謂社神為社公」，據以上古籍中已有后土、土正、社神、社公、土公、土地、土伯諸稱，或因社神掌祈福報功，而有福德正神之尊稱，在大陸各地以稱土地老爺或稱土地爹爹為多，而臺灣則稱以土地公、伯公、福德爺為多，惟書刻木石，則以福德正神及后土居多，又於街市及寺廟皆用福德正神字樣，在郊野及墓地慣用后土。[9]

---

[9] 仇德哉《臺灣之寺廟與神明》卷四，頁174，臺中市：臺灣省文獻委

由此可知，土地公乃中國傳統之土神，但其神格不高，民間將祂：

> ……視為地方上的守護神祇，所轄之處只為一鄉一里甚至
> 一鄰之地，類似現今村里長兼管區的職位，……[10]

因為土地公算是位階較低的神明之一，且到處都有供奉祂的廟宇，稱得上是與凡民最為親近的神仙。而祂那白鬚老者的模樣，所給予人們的印象，亦如同是家中的長輩般，完全沒有任何距離感，故釋教法師喜以土地公擔綱科儀中戲劇表演的滑稽丑角。比方說在挑經科儀的角色中，目連尊者和土地公各分居主角與配角，但目連尊者因負有引領亡者上西天的重責大任，且受民間流傳的「目連救母」故事影響，所以祂必須道貌岸然，儀態莊重，只可幽默，而不許恣意諧謔。反觀土地公因身為配角，其地位遠不如目連尊者重要，因此可插科打諢，裝瘋賣傻，例如為了突顯土地公的滑稽色彩，所以祂出場時總是一副搖搖擺擺，快要跌倒的有趣模樣。而土地公在自我介紹時所唸的口白，更是把祂原本高坐於廟宇神龕上的莊嚴模樣徹底顛覆，茲舉一例如下：

> 我，本境黃泉的老土地，今晚叟罔叟，濟濟無代誌，老伙
> 仔罔走罔七逃，來到咱○○街仔，遇到一班的囝仔淘，大
> 忉許我空，小忉許我無，許我生日一個到，要吃要討煞找
> 攏無，囝仔淘甲我騙騙去，害我險險要氣死。有人敬奉我，

員會，1983 年初版。
[10] 王健旺《臺灣的土地公》，頁 29，臺北新店：遠足文化事業有限公司，
2003 年一版。

老伙仔吃牲禮拚維士比，無人敬奉我，老伙仔只好吃自己。[11]

從這位黃泉路上土地公的自我介紹，得知祂沒事的時候會逛街，甚至還會喝現實世界裡才有的「維士比」，由此便先感受到祂那與刻板「神仙形象」不符的滑稽行為。又從這段介紹中還可發現到土地公頗為窩囊，雖然祂位階不高，但好歹也是一位「神明」，可是竟然被一群小孩子欺負，胡亂向祂許願，害土地公在生日時沒人來奉敬祂，只好落得吃自己的窘況，此時的土地公彷彿是無助的孤獨老人，令人感到可憐又可笑。

因釋教法師刻意將土地公塑造成一個滑稽的丑角，以至於在科儀的進行中，祂的一舉一動皆是笑料的引爆點。比如說土地公是以老者的樣貌出場，而老人家通常身體較虛弱，所以會有事沒事就咳嗽，雖然咳嗽看似平常，但釋教法師卻利用此一突發性的小動作來加深土地公給人的滑稽形象，茲舉一例口白如下：

土地公：咳！咳！咳！

打鼓先生：感冒了啦！

土地公：不是感冒啦！

打鼓先生：不然是安怎？

土地公：咱人若吃老有三項壞……

打鼓先生：哪三項壞？

土地公：第一壞，吃老走路要堵一下堵一下，會流目屎。

---

[11] 資料來源為 2005.4.21 花蓮縣光復鄉大安村徐府冥路出山功德錄音。

打鼓先生：啊第二壞呢？

土地公：第二壞，就是打個噴嚏……

打鼓先生：煞滲屎！

土地公：後面不講了啦！

打鼓先生：好啦！好啦！麥生氣啦！

土地公：第三壞，頭殼一下記不得這個，一下記不得那個，
　　　　攏總壞。

打鼓先生：看得出來喔！

土地公：老漢我會甲人保庇，但我不會保庇你打鼓的今暝
　　　　會中樂透，還中那個什麼六粒的特獎，因為我怕你變
　　　　好額之後，就不來做後場，若這樣我不就免唱了。

打鼓先生：呸！呸！呸！乎你這老猴打切衰，我咒懺你土
　　　　地公廟快要火燒了啦！[12]

在這段口白中，土地公再度表現出窩囊的樣子，除了自云因年老
而身體不好，還要受到打鼓先生的取笑，像是土地公說自己會打
噴嚏，打鼓先生卻笑祂打噴嚏後會「煞滲屎」。又土地公說自己
記性不好，頭腦已經出問題時，打鼓先生不但沒給予適當的安
慰，竟然還回答「看得出來喔！」由於打鼓先生屢次嘲笑土地公，
因而惹惱土地公，故祂以不保佑打鼓先生中樂透彩來要脅，但打
鼓先生仍不理會，還反過來罵土地公是「老猴」，並詛咒祂的廟
宇會被火燒，使得此時的土地公更顯可笑。如此這般的無厘頭談

---

[12] 資料來源為 2005.11.9 花蓮縣瑞穗鄉富源村江府冥路出山功德錄音。

話，彷彿就像是一場人神相互愚弄調戲的鬧劇，你一言，我一語，彼此戲謔對方，釋教法師打破了「土地公」在常情中的神仙形象，改以人神平等往來的逗趣演出，將觀眾帶入一個充滿「歡笑」的世界裡。李豐楙曾針對喪葬場合所出現的逗趣表演加以解釋：

> 民間社會在喪葬儀式中較素樸較草根性的表現，就是大多能接納這類較突兀的表演，並不以為迕地隨著丑角的諧謔、嘲弄而被逗笑，演出的道士更是以自己不笑而能儘量逗笑孝眷為其能事，成為喪禮中較特殊的情境。[13]

他雖然認為這類的諧謔演出，乃喪禮中較突兀且特殊的情境，但卻肯定這是民間社會中極具草根性的素樸表現。正因打枉死城、打血盆、挑經等科儀具備了這層表現，才能使得孝眷人等的哀傷心情，在經由極富「娛樂」效果的嘲弄劇情洗禮後，得到適度的紓解與撫慰。

第二節　詼諧的對話

　　釋教法師除了藉由塑造滑稽的鬼神形象，使科儀能發揮「娛樂」的功能外，另會利用具備戲劇色彩的打枉死城、打血盆、挑經、過橋等科儀之演法過程中，各角色之間的相互對話內容來營造「笑點」，透過一些荒謬、極富趣味性或隱藏雙關意涵的詼諧話語，讓孝眷人等及現場觀眾能從中得到莫大的樂趣。筆者依田

---

[13] 李豐楙〈複合與變革：臺灣道教拔渡儀中的目連戲〉，收錄於《民俗曲藝》第九十四、九十五期合訂本，頁105，臺北市：財團法人施合鄭民俗文化基金會，1995年。

野調查所採集到的資料，按內容整理後，將這類詼諧話語大致分為三類，即：「製造荒謬情境」、「運用諧音聯想」、「葷笑話」，以下分別舉例說明。

一、製造荒謬情境

荒謬的情境是一種極度違背常理的狀態，例如漫畫或卡通片裡的時空總是錯亂，主角可以穿梭過去、現代與未來，而片中的動物、機器也都會開口講話，甚至做出人類才有的舉動。雖然這是極度荒謬的誇張劇情，可是每個人童年時，不都曾被這些現實世界不可能出現的場景逗得哈哈大笑，就連現在已經長大懂事，但無聊時仍會忍不住想看一下漫畫、卡通來解悶，希望藉此讓自己隨著劇情的腳步，置身於一個荒謬的國度中，以尋求快樂的感受。而釋教法師亦常透過詼諧話語，建構出荒謬的情境來取悅眾人，比如說挑經科儀裡的「最佳丑角」─土地公，便慣以此舉展現幽默，祂往往在自我介紹後，還會唱一段內容天馬行空，胡亂拼湊的雜唸：

> 遇一又遇，遇到一個尪打某，某打尪，老漢就問他們，恁兩尪仔某為了什麼空？他們說為了六月冬，為了一腳的破襪啦，他某拿去脫，他尪想要拿去烘，兩人就為這相競相打又拉頭髮，頭髮拉到稀儻儻，他某氣起來就騎那個四輪的鐵馬，遇到一群的少年家，喝燒酒醉給她撞一下，害她跌落水溝仔底，爬起來，面仔是一陣紅又一陣白，豬哥看到不能夯牙，豬母看到煞倒退，牛若看到就不拖犁，馬若

看到就踢馬蹄，那個狗仔看到就吹狗螺，雞仔看到就打呁給，若是和尚看到就脫袈裟，啞吧看到就嘴巴扒罔扒。遇一又遇，那個餐廳表演的是那卡西，摩托車的牌子是SUZUKI，香蕉叫做芭那那，洗身軀要用嚕啦啦⋯⋯（下略）。[14]

從上引的文句中可知，土地公在演出時所唸的內容，完全是以「好笑與否」來隨意編撰發揮，這正符合挑經所兼具之傳統民間小戲的特質，因為：

> ⋯⋯喜劇性極強的諧謔，尤其成為民間小戲的風尚標誌。
> 民間戲劇極重諧謔效果，甚至不顧劇情實際。[15]

所以土地公為了描述路上所見之情景的有趣程度，遂用「豬哥看到不能夯牙，豬母看到煞倒退，牛若看到就不拖犁，馬若看到就踢馬蹄，那個狗仔看到就吹狗螺，雞仔看到就打呁給，若是和尚看到就脫袈裟，啞吧看到就嘴巴扒罔扒」等誇張的詞語來形容，企圖營造出一個極為荒謬的情境，並以此來逗樂現場的孝眷人等及觀眾。

此外，釋教法師為了讓演出達到荒謬的效果，甚至會在各角色對戲時，於彼此的話語中融入現代化的事物，讓目連尊者、土地公等「古代人物」講時下的流行語，或使用二十一世紀才有的

---

[14] 資料來源為 2005.4.21 花蓮縣光復鄉大安村徐府冥路出山功德錄音。
[15] 劉禎《民間戲劇與戲曲史學論》，頁 202，臺北市：國家出版社，2005年初版。

科技產品，將時空徹底錯亂，藉此製造笑點來博君一燦：

> 目連尊者：老伯公公，我甲你借問一下！
>
> 土地公：少年人……
>
> 目連尊者：安怎？
>
> 土地公：開車不要開這麼雄啦！
>
> 目連尊者：我用走的啦！
>
> 土地公：你用走的喔！我還以為你開十一號公車。
>
> 目連尊者：現在若是能夠開車的話，我是卡愛啦！
>
> 土地公：若是用走的，就走卡慢一點啦！要看路，注意交
> 　　通安全。
>
> 目連尊者：有影，這裡是大路邊，有很多車，真危險啊！
>
> 土地公：哇！你擔這擔价大擔，是要來這做夜市喔？
>
> 目連尊者：小僧今夜來這的目的不是要做生意。
>
> 土地公：不是要做生意，不然你是為了啥米代誌？這麼趕
> 　　緊啊！
>
> 目連尊者：是為了要帶一位好命靈魂去西天見佛祖。
>
> 土地公：這是陽世間的好代誌，你趕緊去！趕緊去！
>
> 目連尊者：我也是想要趕緊去啊！不過卻不知路。
>
> 土地公：不知路喔！
>
> 目連尊者：頭前面有三叉路啦！這路重劃以後攏改了了，
> 　　害我攏不認得了。

土地公：這樣喔！

目連尊者：我東西南北攏不會走了啊！所以想要向土地公
　　　　　伯來問路。

土地公：你放心啦！我出門之前，有用這個衛星導航系
　　　　統，把附近的地圖都找好了。

目連尊者：土地公伯啊！你現在也開車喔！

土地公：對啊！現在樂透彩正流行，真濟善男信女來拜
　　　　我，香火卡旺，十方錢也卡濟，所以昇級囉！人家我
　　　　攏掛勞力士的手錶，出門也攏開那個賓士 600 的喔！

目連尊者：呵呵！這麼「炫」喔！

土地公：對啊！[16]

從上述口白中可發現，土地公和目連尊者的對話內容可說是天南
地北的自由發揮，並添加許多在地的景物（如喪家所在地的街道
名），甚至是流行用語（如「十一號公車」、「很炫」）或時新
的事物（如衛星導航系統、樂透彩、勞力士手錶、賓士 600 轎車），
這無非是希望以極生活化的內容，讓觀眾能清楚地瞭解該科儀所
欲表達的戲情，且協助觀眾可以順利進入由詼諧對話構築成的國
度內，感受那無限的「娛樂」張力。據釋教法師表示，挑經雖有
科儀本，但其內容僅記載固定之儀式過程和劇情順序，至於有關
各角色的賓白，則多以「云云」二字帶過，要求每個上場演法的
釋教法師自由發揮，有著濃厚地活潑性與不固定性。對於文本的

16　資料來源為 2005.6.5 花蓮縣花蓮市國富十街李府午夜出山功德錄音。

不重視，原為民間戲劇的特色之一，劉禎對這一現象曾有過解釋：

> 這固然反映出民間對文本的忽略，但靈活的現場發揮，更
> 能激發演員的想像力、創造力，更能營造現場的演出氣
> 氛，也更符合戲劇的行為規律。民間戲劇的魅力與生命
> 力，正是由諸如此類不休歇、不凝固的創造性閃爍所構
> 成，……[17]

像挑經這種合於傳統小戲範疇的科儀，正以極為開放的演法模式，來彰顯它類於民間戲劇的質樸性格，其魅力與生命力也藉此蓬勃運作。

二、運用諧音聯想

在日常生活的言談中，許多語詞的發音近似，假如一不心將同音異字的詞彙混淆在一起，便會誤解對方的意思，而有「風馬牛不相及」的奇特解讀出現。雖然這樣「聽音生義」的胡亂聯想，其結果總是和話語的原意相差十萬八千里，但有時這種聯想卻讓本來平淡無奇的詞句，因誤聽而爆發出趣味十足的新生命，釋教法師就經常運用諧音的聯想製造出詼諧的對話內容，像是：

> 土地公：我那個打某的，不是啦！是打鼓的……
>
> 打鼓先生：安怎？
>
> 土地公：你知影我是誰嗎？

17　劉禎《民間戲劇與戲曲史學論》，頁 186，臺北市：國家出版社，2005
　　年初版。

打鼓先生：你是虎神？

土地公：我攔咧蚊子咧！竟然罵我是「虎神」！

打鼓先生：我是問你講你是何神？不是講你是「虎神」！

土地公：歹勢！老伙仔人耳朵卡重，聽不對啦！嘿嘿！我
　　　自我介紹，我是土地公啦！[18]

在這段對話內容裡，土地公首先用諧音的關係，故意將「打鼓」
二字發音成「打某（妻子）」，以此一誤講來調侃後場的打鼓先
生。接著，當土地公問打鼓先生是否知道自己是誰時，打鼓先生
因不清楚土地公的身份，遂反問祂「你是何神？」但土地公卻將
「何神」誤聽為閩南語發音相近的「虎神（蒼蠅）」，並責怪對
方罵祂是昆蟲。後來打鼓先生解釋他的原意是「何神」，土地公
這才不好意思的致歉，而兩造間因諧音所導致的怪異聯想，就在
彼此的調侃及誤解中，使科儀增添了「娛樂」的戲劇張力。

　　筆者再舉一則因諧音聯想而產生的詼諧對話，其主角同樣是
土地公和打鼓先生，口白如下：

土地公：有相識否？

打鼓先生：安怎？你是啥米人啊？

土地公：我剛剛唸那麼久，你都不知道我啥米人喔！

打鼓先生：我哪知道你是啥米人？因為我只有看到你的尾
　　　椎，你實在足無禮貌！

土地公：不通怪我無禮貌啦！我生成要面對觀眾啊！因為

18　資料來源為 2005.11.9 花蓮縣瑞穗鄉富源村江府冥路出山功德錄音。

你坐在我的後面,所以才會只看我的尾椎。

打鼓先生:不然你自我介紹啦!乎我康好認識你。

土地公:喔!我,小神……

打鼓先生:啥?肖神喔!

土地公:不是肖神啦!是小神,我是土地伯公啦![19]

打鼓先生在這個橋段裡,除了先對土地公以「尾椎」(臀部)對著他,這種沒禮貌的行為責怪一番,接著再因「小」字與「肖」字的閩南語讀音近似之故,刻意把土地公自稱的「小神」,誤聽為發瘋的「肖神」,藉此製造出有趣的笑點。這種「人為製造」的「諧音」之誤,其實在傳統民間戲劇的演出中也是屢見不鮮,郝譽翔便曾舉「目連戲」為例:

湘劇《目連記》〈開殿〉中趙甲把見「王王」(指閻王)聽成去「玩玩」,二者聲音相近所以聯想並列,但是意義卻南轅北轍,毫無邏輯關係可言,這種手法顛覆著重「因果」關係的邏輯語法結構,是庶民藉由玩弄語言以獲得愉悅的基本方式。皖南本《目連救母》〈趙甲打父〉中把「孩兒」叫成「鞋兒」;〈掛幡周濟〉中把傅相修道的「三官堂」聽成「三根糖」,「修道之所」聽成「收稻之所」;或是〈公子游春〉中段公子叫段家「祖宗」前來享用祭品,卻有一雜扮上前應答,自稱「姓祖名宗,故而來了」;或

---

[19] 資料來源為 2005.12.7 花蓮縣壽豐鄉豐山村張府冥路出山功德錄音。

〈追趕四殿〉中閻王把「修善」聽成「挖鰍鱔」，「屠殺」聽成「菩薩」，都是藉聲音的近似，把兩種意義毫不相干的事物聯想一起。以此嘲弄的對象則不出神鬼、家族倫理、或是道德等神聖權威，藉由顛覆或扭轉社會的秩序與價值體系，來達到滑稽取樂的效果。[20]

而這種以玩弄及解構語言來呈現的嘲弄技巧，一直廣受中國民間歡迎，更是庶民基本的「娛樂」來源之一，因此臺灣的釋教法師也承繼該傳統，於科儀的演出橋段中巧妙運用，以便構築出豐富多重的趣味。

三、葷笑話

為了增添對話的詼諧程度，故釋教法師在運用極富趣味性的話語之餘，另會講述一些隱含「性暗示」的內容，這類帶有「顏色」的「葷笑話」，多半仍是透過玩弄語言來達到其「娛樂」的效果。像是過橋科儀，引路王與後場先生的對話，便不時夾雜許多這種笑料題材，如：

引路王：後場先生啊！我想來甲你三借問啦！

後場先生：借問啥米代？

引路王：要問起頭前面三株樹仔。

後場先生：喔！你要問那三株樹仔啊！你是要問哪一株？

---

20 郝譽翔《民間目連戲中庶民文化之探討》，頁 148，臺北市：文史哲出版社，1998 初版。

引路王：有一株看起來無葉無葉的，那是什麼樹啊？

後場先生：那株叫做無憂勝境的寶樹啦！

引路王：哇！樹名取的這麼樣的好。借問一下，這位好命靈魂要來遊橋七逃，看到這株樹甘有好？

後場先生：陽眷人等他們的序大人過這個金橋、銀橋、奈何橋，來到這，看到這株無憂勝境的寶樹，一見解萬愁，不會再去煩惱家中大小的代誌，所以這叫做無憂勝境的寶樹。

引路王：喔！這樣好命靈魂看到這株寶樹以後，就能夠無煩無惱了。

後場先生：是啊！無煩無惱真正好。

引路王：今仔日受渡的這位○公正魂○○先生，人家伊在生的時候，「做人」多肴呢！

後場先生：是啊！聽講伊足肴「做人」，日也做，暝也做，為了要「增產報國」。

引路王：總共生十多個，現在開枝散葉出去，千多個了啦！

後場先生：這有喔！

引路王：雖然這些子孫攏真有出脫，不過伊也是會煩惱。

後場先生：伊是在煩惱啥？

引路王：伊在煩惱這些子孫，日後大漢能不能娶到真美真好的太太。

後場先生：做人家的序大人攏同款，攏會煩惱這些子孫。

引路王：也會煩惱查某孫，不知大漢以後甘嫁有好的尪婿。

後場先生：就算講子孫攏結婚，伊也會煩惱子孫有沒有在
努力做「工作」否？

引路王：對啊！若是沒日也做，暝也做，咱○家府的人丁
就恐怕會不興。

後場先生：這攏總煩惱啦！

引路王：現在他們的這位序大人，來到這，看到這株無煩
惱樹以後，從此無煩無惱，去西方拜佛祖，真好！[21]

在此，引路王所說的「做人」和後場先生所謂的「工作」，其實
都是雙關語，真正意義乃指男女之間的性行為。因該亡者的子女
眾多，引路王遂誇獎亡者生前很會「做人」，也就是以性行為來
「做」出「人」類，所以才又稱讚亡者「日也做，暝也做，為了
增產報國」。而後場先生說的「工作」，乍聽之下，會讓人以為
是說亡者可能煩惱子孫們有無努力在上班工作，但引路王所接的
話語，卻將「工作」一詞，解釋成夫妻在房間內所做的「工作」
（即性行為），因此才會說「若是沒日也做，暝也做，咱○家府
的人丁就恐怕會不興」，釋教法師藉由扭轉語言的真實意義來達
到的「娛樂」目的，使語言產生「話中有話」的雙關效果。

另外，亦有運用諧音之誤而產生的「葷笑話」，例如：

引路王：人家講尪肴賺，某肴儉！

後場先生：大家才會富貴萬萬年！

21　資料來源為 2005.6.5 花蓮縣花蓮市國富十街李府午夜出山功德錄音。

　　引路王：不過要講最肴賺的，咱壇內那個歕吹的他某最肴
　　　　　賺。

　　後場先生：安怎講？

　　引路王：他某日時出去上班鬥賺，暗時擱「躺著」鬥賺。

　　後場先生：啥？他某「躺著」鬥賺喔！唉呦……

　　引路王：不是啦！是「補鞋底」來鬥賺。[22]

引路王之原意是說歕吹先生的妻子晚上還幫人「補鞋底」來貼補
家用，但為營造對話的詼諧幽默，遂將「補鞋底」三字唸得含混
不清，因而變成發音相似的「躺著」，並讓後場先生誤會為歕吹
先生的妻子是靠出賣肉體來賺錢。

　　基本上，這種隱含「性暗示」的詼諧橋段：

　　……乃應喪家的要求而作，目的在於調節喪家的憂鬱之
　　情，從前娛樂少，做這種「師公戲」的時候，連喪家的左
　　鄰右舍也看得津津有味。[23]

的確，在筆者訪談的釋教法師中，有多位便談到早期臺灣鄉間娛
樂較少，電視、電影、廣播也尚未普及，所以當村庄內有人家在
舉行喪葬拔渡法事時，科儀中一些戲劇的表演，或者是詼諧的對
話內容，就成了村民們農閒後的主要「娛樂」來源。又從幾位老
一輩的釋教法師的回憶得知，昔日有的村民還會探聽釋教法師每

22　資料來源為 2005.6.10 花蓮縣壽豐鄉豐裡村劉府冥路出山功德錄音。

23　邱坤良、施如芳、張秀玲、藍素婧、郝譽翔《宜蘭縣口傳文學》上冊，
　　頁 36，宜蘭：宜蘭縣政府，2002 年初版。

天做法事的地點，只要一有空便跟著他們到處去，其目的就是想要觀賞科儀的演法，藉此當作平日的休閒活動。但這些具有「性暗示」的詼諧橋段，在扮演調節孝眷人等心情，與「娛樂」鄉民的身份之餘，其實尚有其存在於喪葬拔渡法事中的積極意義，即：

> ……在死亡這一「過渡儀式」之中，藉由歌頌性愛與生殖的內容，來通過這生與死的轉折點，以突出繁衍生命的旺盛活力。……更重要的應該是在這一「過渡儀式」中再度點燃生命的慾妄與喜悅，以從悲傷裡培養出一股樂觀的新生勇氣。[24]

因此帶有「性暗示」的橋段雖看似露骨、低俗，可是群眾的情緒卻能藉由這樣的特殊方式得到適當宣洩，進而有著鞏固社會秩序的功用，並蘊育出促進社會發展的生命力。

第三節　小結

統合本章所論，釋教喪葬拔渡法事係「小傳統」範疇的民間宗教儀式，而民間宗教儀式本與「大傳統」禮教中的官方儀式迥異，兩者並形成強烈的對比：

> 官方的儀式講求的是肅穆嚴謹，所有狂熱氣氛都被排除；
> 然而民間宗教儀式卻恰恰相反，無限制的狂歡與享樂正是

24　郝譽翔《民間目連戲中庶民文化之探討》，頁 167，臺北市：文史哲出版社，1998 初版。

它的基本特質，……[25]

雖然喪葬拔渡法事因所處之場景特殊，而無法像廟會慶典般，有著「嘉年華」式的狂歡享樂，但隸屬「小傳統」釋教科儀卻也充滿了各式滑稽的演出或詼諧的對話，有時還出現許多荒誕不經的情節及誇張過度的嘲弄，甚至是隱含了「性暗示」的色彩，如此的演法方式，與「大傳統」認為喪葬場合必須哀慟以對的觀念，顯得格格不入，故常招受衛道人士的批評、鄙視。雖然這些科儀的部分內容：

> ……看似粗鄙、低俗，實乃「師公」藉著精練的技藝、笑談，幫助喪家在親人亡故的情境中，紓解喪家壓抑的心情，並且重新思考生命的本源和本質，有其內在的文化意涵。[26]

這些刻意融入的「娛樂」效果，其目的就是要讓孝眷人等忘記喪親哀痛，好好調適心情以面對往後的日子，這是「小傳統」在處理死亡的一種特殊形式，如同出殯時的各式陣頭表演，歌舞雜陳，諧趣兼容，在在都是常民化解生命離別的應對策略。而任何表演都講求臺上臺下的共鳴互動，所以當釋教法師不計形象的賣力要寶時，只要現場的觀眾發出會心一笑，就是給予他們最真誠的鼓勵，也肯定了他們努力「娛樂」大眾的用心。

---

25 郝譽翔《民間目連戲中庶民文化之探討》，頁 143，臺北市：文史哲出版社，1998 初版。

26 邱坤良、施如芳、張秀玲、藍素婧、郝譽翔《宜蘭縣口傳文學》上冊，頁 49，宜蘭：宜蘭縣政府，2002 年初版。

第八章

結論

第一節　回顧

　　由於本論文之研究議題為「臺灣釋教喪葬拔渡法事及其儀式戲劇研究」，經前述各章之分析討論後，在此，筆者先就臺灣釋教與喪葬拔渡法事、臺灣釋教喪葬拔渡法事中「儀式戲劇」之意義兩個部分重新回顧，並整理作結。

一、臺灣釋教與喪葬拔渡法事

　　關於「釋教」，係以佛教為主體，另兼容道教與民間信仰，是一支屬性極為模糊，並頗具自我特色的教團組織。釋教的神職人員名之為「釋教法師」，這群人亦非出家眾，為職業性質的民間宗教從業者，過著伙居的世俗生活，更可娶妻、生子、茹葷，平日以主持喪葬拔渡法事為首要之服務項目。有關釋教的淵源，臺灣民間流傳「唐太宗遊地府」（閩南系統）、「普通人仿傚出家僧侶」（客家系統）兩種傳說，但這些說法並無確切之文獻根據，充其量只能算是地方野史。反觀，臺灣文化承襲大陸閩、粵一帶，而當地的「香花佛事」與釋教多有相似之處，故兩者應有某種程度上的關係存在。另外，釋教的經懺多同於正信佛教所使用者，部分科儀也與齋教龍華派之《龍華科儀》中所載相同，更常於科儀進行時恭請道教或民間信仰的神祇，所以釋教包含的結構分子極為龐雜。釋教究竟何時傳入臺灣，現因文獻無徵，確切年代已不可考，但成書於清康熙五十六年（西元 1717 年）的《諸羅縣志》，已有關於釋教喪葬拔渡法事之記載，故可估計釋教傳入臺灣之年代，應該不會遲於此時。又臺灣的道士分成「正一派」

（道法二門）和「靈寶派」兩大團體，其中「正一派」向來只做喜慶及醫療法事，故其流行區域內之喪葬拔渡法事轉由釋教負責，因此使得釋教的分布大致與正一派流行區域重疊。總而言之，臺灣的釋教經過長期的「在地化」發展後，早已轉化成與「大傳統」迴異的特殊「小傳統」文化。

至於喪葬拔渡法事（做功德），乃臺灣喪葬儀節中源遠流長的一項傳統，若依舉行之時機和目的來分類，大致有入木功德、七旬功德、出山功德三種，其目的主要是為了消解亡者生前所積累的罪愆，助其超昇極樂淨土。按進行時間之長短不同，則臺灣釋教喪葬拔渡法事的類別可分成：「冥路」、「午夜」、「一朝」（一晝夜）、「一朝宿啟」（一天半）、「二朝」（二天）、「三朝」（三天）等多種，其中「冥路」係規模最小者，「二朝」規模以上，因動員的人力、物力甚鉅，少有喪家有足夠能力舉行，現今已甚為罕見。基本上，釋教法師在喪葬拔渡法事的過程裡，會依據規模大小安排適當之科儀，如「冥路」法事便有發關、請佛、安灶、引魂、沐浴、頂禮、安位、打枉死城、十王懺、藥懺、打血盆、靈偈、挑經、過橋、解結、教嫺、還庫、謝壇等科儀，釋教法師藉由演法來拔渡亡者，達到冥陽兩利的和諧境界。而法事規模愈大，科儀項目愈多，反之，則適度略減，此外，還會因喪家的祖籍、地域等因素的不同，使得各地的釋教科儀產生些許差異，可是每一項科儀均有其深度之內涵，以及所欲追求之目的和意義。

二、臺灣釋教喪葬拔渡法事中「儀式戲劇」之意義

本論文研究列舉之打枉死城、打血盆、挑經、過橋科儀，因

皆合於演員、歌唱、舞蹈、代言、故事、表演、表演場所這七項構成戲曲雛型的條件，所以可納入傳統民間「小戲」的範疇內，又科儀本身即為一種宗教「儀式」，故這四項科儀可視作臺灣釋教喪葬拔渡法事中的「儀式戲劇」。關於各科儀之意義與過程，「打枉死城」的對象是遭囚禁在「枉死城」中的「橫死者」或「枉死者」，「打血盆」的對象則是曾生育而被禁錮於「血盆池」內的女性亡者，兩者的對象雖不同，但其意義皆為孝眷人等欲保領亡者離開「枉死城」或「血盆池」，以濟渡亡者，還報親恩。「挑經」係釋教法師仿傚傳統目連戲之劇目橋段而產生的科儀，藉由扮演目連的角色來為遺族代挑亡者上西天，在科儀的過程中，釋教法師還會唱唸二十四孝（男喪）、十月懷胎（女喪）或勸世文，宣揚倫理道德觀念來教化眾人，另安排土地公與打鼓先生插科打諢，以營造笑點娛樂現場觀眾。「過橋」則由「引路王」帶領孝眷人等引渡亡者過橋，並邊走邊唱路關，介紹冥府各路關的特色，當該科儀進行完畢，亦象徵亡者已安渡極樂世界。

打枉死城、打血盆、挑經、過橋在擔任「儀式戲劇」的角色之餘，各科儀亦在儀式、教化、娛樂這三個面向上，都具備有特殊的意義與貢獻。例如「儀式」意義方面，打枉死城、打血盆、挑經、過橋皆負有「拔渡」的功能，可以達成拯救亡者的目的，但各科儀給予亡者的實質性幫助又互為不同。打枉死城、打血盆是使亡者透過儀式的拔渡後得到「救贖」以重獲「無罪之身」，使亡者的罪孽消除，並以嶄新的身份（成為「祖先」）與生者確立關係，永享後代子孫的崇奉敬祀，進而發揮護佑家族及其所有成員的社會責任，最後真正達到安頓亡者與撫慰生者的目的。挑經、過橋則是在協助亡者由此界（人間塵世或冥間）「過渡」到他界（西天淨土），當亡者因儀式而完成「過渡」後，其身份即

轉變為祖先，且達到與社會結合在一起的階段。此外，釋教法師
以各類型「好話」為孝眷人等「祈福」，這樣的行為亦深具「儀
式」意義，因「好話」可影響人們的心理，故當遺族在治喪的低
潮之際，利用「好話」來為他們「祈福」，使其對未來重新燃起
希望，讓自己「化悲憤為力量」，盡力將「好話」所傳達出的祝
福內容實現。在「教化」意義方面，由於打枉死城、打血盆、挑
經三項科儀係以「目連」和「目連救母」故事發展而成，所以帶
有傳統「目連」形象的精神，與「目連救母」故事強調的觀念及
思想，因而兼負具「教化」的神聖責任。不過喪葬拔渡法事僅為
一「家族」之事，故釋教法師在藉科儀行教化時，雖然宣揚的是
一般人耳熟能詳的儒家倫理道德，但其範圍卻限於「家族」的層
面之上，並以與家庭關係最密切的「孝道」、「悌道」，與易力
行於日常生活的「善行」為主。至於「娛樂」意義方面，因戲劇
本身即有「娛樂」的目的，故本質為「儀式戲劇」的打枉死城、
打血盆、挑經、過橋科儀，遂成了最適合「娛樂」依附的媒介，
釋教法師更藉這些科儀來調劑大眾的情緒。無論是以滑稽的鬼神
形象傳遞歡笑，或是以製造荒謬情境、運用諧音聯想，甚致是講
述「葷笑話」來製造出詼諧的話語，在在都是要讓孝眷人等於有
意無意之間進入「娛樂」的世界，暫時忘記喪親哀痛，好好調適
心情以面對往後的日子。由此可知，臺灣釋教喪葬拔渡法事的各
項「儀式戲劇」，在其神聖科儀的外表下，所呈現的面向是多元
的，所隱含的意義是精彩豐富的，它所帶給人們的感受和領悟更
是無窮的。基於此，釋教喪葬拔渡法事在臺灣這片土地上自有其
永恆的價值，而本論文針對該議題所做之研究，也因此有著相對
性的意義存在。

第二節　只是個序曲

　　臺灣早期屬農業社會，所以當家中不幸遭逢喪事，各項事宜都是由街坊鄰居、親朋好友幫忙處理，但現今社會已步入工商業形態，大部分的人空閒時間有限，無法像昔日一樣「相放伴」互助，喪家只好改聘職業葬儀社來代為安排，街坊鄰居、親朋好友也大都拈香致意後隨即離開。中國人自古對喪葬儀節甚為重視，也連帶產生諸多禁忌以維護其莊嚴，但隨著現代人極少參與喪葬事宜，對傳統禮俗的認知程度也日漸薄弱，使得許多年輕一輩的「新新人類」，常因世俗錯誤觀念影響，以為一到喪家或拔渡法事場合便會被沖犯或煞到，故每聞後場鑼鼓聲，便避之惟恐不及。如此荒謬的誤解，迫使相關之民間祭儀遭受到無情的漠視，這是相當可惜的情形。當然，要導正常人錯誤觀念仍需一段時日努力，但瞭解喪葬拔渡法事的內容與意義卻可以馬上開始，畢竟，它們是老祖先所遺留的文化資產，需要我們代代傳衍與保存。

　　縱然一般人心中存在著誤解，但值得慶幸的是，「釋教」仍以極富生命力的樣貌活躍於喪葬拔渡法事的世界裡，伴隨著眾多臺灣人走完人生的最後旅程。雖然經由本論文的析論後，釋教的屬性仍難以界定，不過它長期以來深植臺灣民間，成為結構完整的「小傳統」文化，且至今仍蓬勃運作，進而締造出臺灣民間祭儀的多元色彩。此外，喪葬拔渡法事亦非「罪不可赦」的「迷信」行為，實際上它是遺族們的「孝心」展現，由於孝眷人等與亡者之間有「親情」關係的維繫，使得他們願意運用各種方式，目的只希望亡者的後事能順利完滿，而喪葬拔渡法事正是在這樣的前提下所形成的民間習俗。例如本論文田野調查採集之花蓮縣，因隸屬農業縣份，居民之經濟甚為拮据，但花蓮人在處理親人後事

時，絕大多數仍不受艱困之經濟現實影響，堅持傳統儀節舉行喪葬拔渡法事。雖然目前花蓮的喪家通常只舉行一場「冥路」規模的「出山功德」，這樣的情形或許無法和臺灣其他地區動輒數壇法事的大排場相比，可是卻能突顯出喪葬拔渡法事在臺灣喪葬儀節中重要性，與其不容撼動的穩固地位。

　　誠如上述，我們不能一昧的在喪葬拔渡法事身上加諸「迷信」的罪名，就像本論文所研究的釋教喪葬拔渡法事，釋教法師所安排的各項科儀，皆有其固定之步驟與儀式意義，絲毫馬虎不得。可惜的是，如此豐美的文化園地，雖有不少研究者曾經關注過，但絕大多數都觸及其表面印象或細微環節，彷彿剎那間的流星般，只為臺灣釋教喪葬拔渡法事留下了短暫的記憶。所以總體而言，有關本論文之研究議題，至今仍屬乏人耕耘灌溉的荒蕪曠野，急待能有多一點的相關研究成果來予以充實。有鑑於此，故本論文以「臺灣釋教喪葬拔渡法事」為主要研究議題之一，即希望藉由文獻整理和實地的田野調查，彌補這頁文化的空白。其次，本論文另針對「儀式戲劇」的部分進行深入探討，以此為管道來細究釋教科儀的實質內涵，並為這些根植於臺灣民間的傳統祭儀重新定位，肯定其存在之非凡價值。此外，本論文選擇位處邊陲的花蓮縣為研究地區，除了基於該地因居民結構特殊，以致匯聚臺灣釋教各個派別外，且縣內人口僅三十四萬七千多人[1]，其中還須扣除近九萬人的原住民[2]，在這漢人人數不多的情況

---

[1] 根據花蓮縣政府網站
（http://www.hl.gov.tw/static/population/pop_table/9412.xls）
2005 年 12 月底全縣人口統計資料。
[2] 根據花蓮縣政府網站

下，花蓮縣卻竟有近二十家的釋教壇，比例之高，實異於他處。
[3]更重要的是，筆者欲藉這種不同於已往研究者只鎖定臺灣北部
或西部大城市的角度，改由東部出發，並親自下鄉採集記錄，好
為後山淨土保存一些屬於民間習俗的原始資料。上述的種種，雖
然筆者不敢自誇是本論文的價值所在，但至少自許這些稱得上是
本論文在研究之餘，對常民文化所盡的一點微薄貢獻。

因本論文之研究範圍限於定於花蓮縣閩南釋教系統之冥路
喪葬拔渡法事，且以宜蘭派、西螺派與嘉義派為研究對象，並僅
針對屬「儀式戲劇」之打枉死城、打血盆、挑經、過橋四項科儀
進行析論。但有關臺灣釋教的種種，例如閩南釋教系統之北部
派、中部派、永定派和客家釋教系統，與其他各式規模的喪葬拔
渡法事，以及同屬「儀式戲劇」之金橋、請經、拜香山等科儀，
都是筆者有心想研究，不過目前尚未有具體成果之課題，希望日
後能有機會來一一完成。當然本論文只是個序曲，期待藉由本論
文之研究，能引發更多有心人士關注臺灣的釋教及其從業人員，
畢竟他們是陪伴我們走完人生最後一段路的重要角色。

（http://www.hl.gov.tw/static/population/pop_table/ab9409.xls）
2005 年 9 月底全縣原住民人口統計資料。
[3] 雖然花蓮縣內之部分原住民於過世後，其遺族亦會採行釋教喪葬拔渡
法事，但有鑑於絕大多數的原住民皆信奉天主教或基督教，且為行文
方便，故在此不將原住民人口納入計算。

附錄一

實地田野調查之場次、科儀記錄

	日期／地點	主壇	科儀	記錄方式
1	2002.11.15 玉里鎮觀音里李府午夜出山功德	玉里鎮瑞德壇	發關、請佛、引魂、沐浴、頂禮、安位、金剛對卷、藥懺、入厝、教媌、普渡、走赦馬、挑經、過橋、還庫、謝壇	筆記、拍照
2	2004.5.11 花蓮市建國路林府冥路出山功德	吉安鄉瑞霞壇	發關、請佛、引魂、沐浴、頂禮、安位、十王懺、打血盆、藥懺、挑經、過橋、解結、還庫、謝壇	筆記、拍照
3	2004.8.7 吉安鄉慶豐村陳府冥路出山功德	花蓮市開瑞壇	發關、請佛、安灶、引魂、沐浴、頂禮、安位、十王懺、藥懺、靈偈、挑經、過橋、解結、教媌、還庫、謝壇	筆記、拍照
4	2004.8.13 壽豐鄉豐坪村周府冥路出山功德(客籍)	壽豐鄉慈明壇	敕符、成服、請佛、發關、安灶、引魂、沐浴、頂禮、安位、禮拜黃河、謝水神、恭酬十王、丁憂、入厝、打血盆、挑經、過橋、藥懺、還庫、謝壇	筆記、拍照
5	2004.10.17-18 花蓮市成功街楊府一朝出山功德	貢寮鄉開瑞壇	第一天：發表、請佛、引魂、沐浴、頂禮、安位、彌陀經、金剛經、普門品 第二天：演淨、水懺、獻供、打血盆、薦祖、解結、走赦馬、還庫	筆記、拍照、錄音
6	2004.10.19 花蓮市成功街楊府午夜三旬功德	貢寮鄉開瑞壇	演淨、引魂、沐浴、頂禮、安位、金剛對卷、做旬、過王、謝壇	筆記、拍照、錄音
7	2005.4.18 新城鄉順安村林府冥路出山功德	花蓮市開盛壇	發關、請佛、安灶、引魂、沐浴、頂禮、安位、十王懺、藥懺、過橋、靈偈、打血盆、挑經、解結、教媌、還庫、謝壇	筆記、拍照、錄音

8	2005.4.21 光復鄉大安村徐府冥路出山功德	光復鄉廣盛壇	發關、請佛、引魂、沐浴、頂禮、安位、十王懺、藥懺、打血盆、挑經、過橋、還庫、謝壇	筆記、拍照、錄音
9	2005.4.29 壽豐鄉豐山村朱府冥路出山功德（客籍）	壽豐鄉慈明壇	敕符、成服、請佛、發關、安灶、引魂、沐浴、頂禮、安位、禮拜黃河、恭酬十王、丁憂、拜香山、挑經、過橋、藥懺、還庫、謝壇	筆記、拍照
10	2005.5.24 吉安鄉吉安村劉府冥路出山功德	花蓮市開瑞壇	發關、請佛、安灶、引魂、沐浴、頂禮、安位、十王懺、藥懺、打血盆、挑經、過橋、解結、教嬭、還庫、謝壇	筆記、拍照、錄音
11	2005.6.4 吉安鄉太昌村朱府冥路出山功德	花蓮市開瑞壇	發關、請佛、安灶、引魂、沐浴、頂禮、安位、入厝、教嬭、十王懺、藥懺、靈偈、挑經、過橋、解結、還庫、謝壇	筆記、拍照、錄音
12	2005.6.5 花蓮市國富十街李府午夜出山功德	花蓮市慈皇佛堂	發關、請佛、引魂、沐浴、頂禮、安位、十王懺、藥懺、走赦馬、挑經、過橋、解結、教嬭、還庫、謝壇	筆記、拍照、錄音
13	2005.6.6 新屋鄉後庄村姜府冥路出山功德（移柩花蓮市殯儀館）	壽豐鄉慈明壇	發關、請佛、引魂、沐浴、頂禮、安位、打枉死城、十王懺、藥懺、挑經、過橋、還庫、謝壇	筆記、拍照、錄音
14	2005.6.10 壽豐鄉豐裡村劉府冥路出山功德	壽豐鄉慈明壇	發關、請佛、引魂、沐浴、頂禮、安位、十王懺、藥懺、挑經、過橋、解結、還庫、謝壇	筆記、拍照、錄音

15	2005.10.15 玉里鎮大禹里陳 府冥路出山功德 (客籍)	玉里鎮 廣瑞壇	敕符、成服、請佛、發關、 安灶、引魂、沐浴、頂禮、 安位、禮拜黃河、恭酬十 王、丁憂、拜香山、挑經、 過橋、藥懺、還庫、謝壇	筆記、錄影
16	2005.10.21 壽豐鄉樹湖村古 府冥路出山功德 (客籍)	鳳林鎮 萬盛壇	敕符、成服、請佛、發關、 安灶、引魂、沐浴、頂禮、 安位、禮拜黃河、恭酬十 王、丁憂、入厝、拜香山、 挑經、過橋、藥懺、還庫、 謝壇	筆記、錄影
17	2005.11.2 花蓮市中美路陳 府冥路出山功德	花蓮市 開妙壇	發關、請佛、引魂、沐浴、 頂禮、安位、入厝、十王 懺、藥懺、挑經、過橋、 解結、教嫺、還庫、謝壇	筆記、拍照、 錄音、錄影
18	2005.11.3 吉安鄉干城村李 府冥路出山功德	花蓮市 開盛壇	發關、請佛、安灶、引魂、 沐浴、頂禮、安位、十王 懺、藥懺、彌陀經、過橋、 靈偈、解結、教嫺、還庫、 謝壇	筆記、錄影
19	2005.11.9 瑞穗鄉富源村江 府冥路出山功德	光復鄉 廣盛壇	發關、請佛、引魂、沐浴、 頂禮、安位、十王懺、藥 懺、挑經、過橋、入厝、 還庫、謝壇	筆記、錄音、 錄影
20	2005.11.18 鳳林鎮中正路彭 府假一條出山功 德(客籍)	湖口鄉 萬盛壇	敕符、成服、請佛、發關、 安灶、引魂、沐浴、頂禮、 安位、禮拜黃河、恭酬十 王、獻供、十王懺、過橋、 走赦馬、丁憂、普渡、請 經、拜香山、挑經、藥懺、 還庫、謝壇	筆記、拍照、 錄影

21	2005.11.21 鳳林鎮林榮里陳府假一條出山功德(客籍)	玉里鎮廣瑞壇	敕符、成服、請佛、發關、安灶、引魂、沐浴、頂禮、安位、禮拜黃河、恭酬十王、獻供、十王懺、過橋、走赦馬、丁憂、普渡、請經、拜香山、挑經、藥懺、還庫、謝壇	筆記、拍照、錄音、錄影
22	2005.11.26 壽豐鄉豐山村洪府冥路出山功德	壽豐鄉慈明壇	發關、請佛、引魂、沐浴、頂禮、安位、入厝、教嫺、十王懺、打血盆、藥懺、挑經、過橋、解結、還庫、謝壇	筆記、拍照、錄音
23	2005.12.7 壽豐鄉豐山村張府冥路出山功德	壽豐鄉慈明壇	發關、請佛、引魂、沐浴、頂禮、安位、十王懺、打血盆、藥懺、挑經、過橋、解結、還庫、謝壇	筆記、拍照、錄音
24	2006.1.16 新城鄉順安村王府午夜出山功德	花蓮市開盛壇	發關、請佛、安灶、引魂、沐浴、頂禮、安位、金剛對卷、打血盆、過橋、走赦馬、挑經、解結、還庫、謝壇	筆記、拍照、錄音
25	2006.3.13 壽豐鄉豐山村葉府冥路出山功德(客籍)	壽豐鄉慈明壇	敕符、成服、請佛、發關、安灶、引魂、沐浴、頂禮、安位、禮拜黃河、謝水神、恭酬十王、丁憂、打血盆、挑經、過橋、藥懺、還庫、謝壇	筆記、拍照、錄音
26	2006.4.12 光復鄉大興村曹府午夜出山功德	玉里鎮瑞玉壇	發關、請佛、引魂、沐浴、頂禮、安位、十王懺、藥懺、打血盆、普渡、走赦馬、挑經、過橋、解結、還庫、謝壇	筆記、拍照、錄音

附錄二

釋教喪葬拔渡法事之相關圖片

圖 1：壇場正面之最內側懸掛合稱「三寶佛」的釋迦牟尼佛、阿彌陀佛、
彌勒佛三幅捲軸掛圖。（2006.1.16 新城鄉順安村王府午夜出山功德）

圖 2：科儀桌上架設之屏風式疏牌。（2005.11.2 花蓮市中美路陳府冥路出
山功德）

圖 3：壇場左側懸掛之十殿冥王捲軸掛圖（第一殿至第五殿）。
（2004.10.17-18 花蓮市成功街楊府一朝出山功德）

圖 4：壇場右側懸掛之十殿冥王捲軸掛圖（第六殿至第十殿）。
（2004.10.17-18 花蓮市成功街楊府一朝出山功德）

圖 5：壇場「武邊」使用通鼓、大鼓、銅鑼、餅鑼、鈸等打擊樂器伴奏。
（2006.1.16 新城鄉順安村王府午夜出山功德）

圖 6：壇場「文邊」使用嗩吶、電子琴等旋律樂器伴奏。（2005.11.26 壽
豐鄉豐山村洪府冥路出山功德）

圖7：「發關」乃藉由發送過關之文牒，使亡靈能急赴道場內，聞經受渡，
　　　沾領功德。（2006.4.12 光復鄉大興村曹府午夜出山功德）

圖8：釋教法師唸誦關文以稟明天地。（2005.6.5 花蓮市國富十街李府午
　　　夜出山功德）

圖 9：釋教法師至壇場外奉送使者發關文至三界。（2005.11.26 壽豐鄉豐山村洪府冥路出山功德）

圖 10：「請佛」是由釋教法師代孝眷人等懇請諸神佛菩薩降臨道場，以證盟監督此次功德法事之奉行。（2005.6.4 吉安鄉太昌村朱府冥路出山功德）

圖11：「安灶」係奉安東廚大帝於喪宅或壇外廚房，監督控管各項供品、
　　　祭品、食物之料理。（2004.8.7 吉安鄉慶豐村陳府冥路出山功德）

圖12：「引魂」時釋教法師誦唸〈召集真言〉，以真言法力與鈴鐸聲響，
　　　召引亡者親赴三寶壇前領沾功德。（2005.11.26 壽豐鄉豐山村洪府
　　　冥路出山功德）

圖 13：遺族獻酒奠祭，迎接亡者返家聞經受渡。（2005.6.5 花蓮市國富十
街李府午夜出山功德）

圖 14：孝眷手持沾溼的毛巾向靈位擦拭，以象徵為其沐浴淨身。（2006.4.12
光復鄉大興村曹府午夜出山功德）

圖 15：「頂禮」乃釋教法師引領亡者在三寶壇中參禮神佛，並代亡者懺悔與發願。（2005.6.5 花蓮市國富十街李府午夜出山功德）

圖 16：「安位」是將代表亡者之魂帛安置在靈堂上，以示亡者重返家堂，等待接受拔渡超薦。（2006.4.12 光復鄉大興村曹府午夜出山功德）

圖 17：釋教法師誦唸《慈悲十王妙懺法》使亡者聞經受渡。（2004.8.7 吉
安鄉慶豐村陳府冥路出山功德）

圖 18：當釋教法師誦唸《慈悲十王妙懺法》完畢後，會至靈堂前唱誦回
向偈及行給牒儀式。（2005.6.5 花蓮市國富十街李府午夜出山功
德）

圖 19：舉行「藥懺」時，必須延請藥師琉璃光王佛來庇佑亡者。（2005.6.5
花蓮市國富十街李府午夜出山功德）

圖 20：孝眷人等親手餵亡者服用藥水，祈求亡者所有生前的病痛皆痊癒。
（2004.8.7 吉安鄉慶豐村陳府冥路出山功德）

圖 21：釋教法師帶領孝眷人等手捧亡者魂帛在壇場內來回繞圈奔跑，藉此象徵亡者的身體已經健康。（2005.4.18 新城鄉順安村林府冥路出山功德）

圖 22：將煮藥之器具摔破，以示在三寶慈尊與諸菩薩、仙佛的證明協助下，亡者將永遠不受病魔侵害。（2005.4.21 光復鄉大安村徐府冥路出山功德）

圖 23：「靈偈」為漳州人特有之科儀，其意義略同於「獻供」科儀，只是對象改成亡者和喪家的歷代九玄七祖。（2004.8.7 吉安鄉慶豐村陳府冥路出山功德）

圖 24：當「靈偈」進行中，釋教法師會不時扭腰擺臀，手舞足蹈，以此逗樂孝眷人等。（2005.4.18 新城鄉順安村林府冥路出山功德）

圖 25：釋教法師會在「解結」時執火筆於空中書寫。（2006.4.12 光復鄉
　　　大興村曹府午夜出山功德）

圖 26：孝眷人等拉五色線證明亡者已解願。（2006.1.16 新城鄉順安村王
　　　府午夜出山功德）

圖 27：釋教法師手執「香線筆」為「靈桌嫺」開光點眼，並行「教嫺」
　　　 來叮嚀與告戒。（2004.8.7 吉安鄉慶豐村陳府冥路出山功德）

圖 28：「還庫」時孝眷人等要代亡者焚燒足額之庫錢繳還，以助其往昇
　　　 西天或投胎轉世。（2004.8.13 壽豐鄉豐坪村周府冥路出山功德）

圖 29：枉死城。（2005.6.6 新屋鄉後庄村姜府冥路出山功德）

圖 30：血盆池（北部造型）。（2005.5.24 吉安鄉吉安村劉府冥路出山功
　　　德）

圖 31：血盆池（中部造型）。（2005.4.21 光復鄉大安村徐府冥路出山功德）

圖 32：釋教法師率孝眷人等行「安獄」儀式。（2006.4.12 光復鄉大興村曹府午夜出山功德）

圖 33：「打血盆」中的目連尊者扮相。（2005.4.18 新城鄉順安村林府冥
路出山功德）

圖 34：目連尊者手持「六環金錫杖」於壇場內走位舞弄。（2005.4.21 光
復鄉大安村徐府冥路出山功德）

圖 35：「打血盆」中的鬼卒扮相。（2005.12.7 壽豐鄉豐山村張府冥路出
山功德）

圖 36：目連尊者吟唱「五傷悲」，向鬼卒解釋鬼門關上「生、老、病、
死、苦」五個大字的意義。（2006.4.12 光復鄉大興村曹府午夜出
山功德）

圖 37：黃衣使者引領陽世孝眷人等到酆都城找尋亡者。（2005.4.21 光復鄉大安村徐府冥路出山功德）

圖 38：目連尊者以錫杖打破關門。（2005.12.7 壽豐鄉豐山村張府冥路出山功德）

圖 39：目連尊者要求亡者的親生子女飲下血水，藉此替母親救贖。
（2005.5.24 吉安鄉吉安村劉府冥路出山功德）

圖 40：目連尊者持錫杖擊毀整座「血盆池」，以免往後還有亡者必須在
此受苦。（2006.4.12 光復鄉大興村曹府午夜出山功德）

圖 41：「挑經」中的目連尊者扮相。（2005.6.5 花蓮市國富十街李府午夜
　　　出山功德）

圖 42：「挑經」中的土地公扮相。（2005.6.5 花蓮市國富十街李府午夜出
　　　山功德）

圖 43：目連尊者向土地公問路一景。（2005.4.21 光復鄉大安村徐府冥路
出山功德）

圖 44：「挑經」係以淺顯易懂的說唱表演來勸戒眾人。（2004.8.7 吉安鄉
慶豐村陳府冥路出山功德）

圖 45：釋教法師在按古禮向孝眷人等討紅包時，亦會回贈好話予以祝福。
（2006.1.16 新城鄉順安村王府午夜出山功德）

圖 46：孝眷人等跪在目連尊者面前拉籃，以示不忍親人上西天。（2005.4.18
新城鄉順安村林府冥路出山功德）

圖 47：宜蘭派的「過橋」僅由兩位釋教法師於壇場吟唱對答，介紹冥府
　　　路關的各項景致。（2005.5.24 吉安鄉吉安村劉府冥路出山功德）

圖 48：西螺派、嘉義派的「過橋」則由一位釋教法師手持幢旛，引領孝
　　　眷人等手捧亡者魂帛於壇場內繞行。（2006.4.12 光復鄉大興村曹
　　　府午夜出山功德）

圖 49：在「過橋」進行中，引路王會不時要求孝眷人等將鈔票一張張鋪
在布面上。（2005.4.21 光復鄉大安村徐府冥路出山功德）

圖 50：唱完全部的路關後，引路王率孝眷人等便合力恭捧亡者的魂帛通
過布面上，藉此象徵亡者順利超生西天。（2004.8.7 吉安鄉慶豐
村陳府冥路出山功德）

參考書目

（一）古籍

漢司馬遷《史記》（臺北市：臺灣商務印書館股份有限公司，1995
　　年臺一版）。

漢許慎撰，清段玉裁注《說文解字注》（臺北市：洪葉文化事業
　　有限公司，1998 年初版）。

西晉三藏法師竺法護譯《佛說盂蘭盆經》（臺中市：瑞成書局，
　　1977 年再版）。

北宋歐陽修、宋祁《新唐書》（臺北市：鼎文書局，1992 年八版）。

南宋朱熹注《孟子集注》（中國上海：上海古籍出版社，1987 年
　　初版）。

南宋孟元老《東京夢華錄》（臺北樹林：漢京文化事業有限公司，
　　1984 年初版）。

元王實甫等著《孤本元明雜劇》（臺北市：臺灣商務印書館股份
　　有限公司，1977 年臺一版）。

明鄭之珍《目連救母勸善戲文》（臺北市：天一出版社，出版年
　　代不詳）。

清周鍾瑄主修《諸羅縣志》（臺北市：宗青圖書出版公司，1995
　　年初版）。

清陳文達編纂《臺灣縣志》（南投市：臺灣省文獻委員會，1993
　　年初版）。

清劉良璧纂輯《重修福建臺灣府志》（臺北市：宗青圖書出版公
　　司，1995 年初版）。

清王瑛曾編纂《重修鳳山縣志》（南投市：臺灣省文獻委員會，
　　1993 年初版）。

清倪贊元纂輯《雲林縣采訪冊》（臺北市：宗青圖書出版公司，
　1995 年初版）。

（二）專著

不註撰人《三世因果目連救母》（出版者、出版年代皆不詳）。

不註撰人《玉歷寶鈔勸世文》（臺中市：瑞成書局，1978 年再版）。

不註撰人《二十四孝新歌》（新竹市：竹林書局，1987 年初版）。

不註撰人《十月花胎》（新竹市：竹林書局，1989 年九版）。

王健旺《臺灣的土地公》（臺北新店：遠足文化事業有限公司，
　2003 年一版）。

仇德哉《臺灣之寺廟與神明》（臺中市：臺灣省文獻委員會，1983
　年初版）。

片岡巖著，陳金田譯《臺灣風俗誌》（臺北市：眾文圖書股份有
　限公司，1996 年二版）。

呂錘寬《臺灣的道教儀式與音樂》（臺北市：學藝出版社，1994
　年初版）。

呂錘寬《臺灣傳統音樂概論・歌樂篇》（臺北市：五南圖書出版
　股份有限公司，2005 年初版）。

李亦園《李亦園自選集》（中國上海：上海教育出版社，2002 年
　初版）。

李秀娥《臺灣傳統生命禮儀》（臺中市：晨星出版有限公司，2003
　年初版）。

李新達《中國科舉制度史》（臺北市：文津出版社有限公司，1995
　年初版）。

李豐楙、謝聰輝合著《臺灣齋醮》（臺北市：國立傳統藝術中心
　籌備處，2001 年初版）。

何顯明《中國人的死亡心態》（中國上海：上海文化出版社，1993
　　年初版）。

吳永猛、謝聰輝合著《臺灣民間信仰儀式》（臺北蘆洲：國立空
　　中大學，2005 年初版）。

吳淑姿主修，康培德編纂《續修花蓮縣志・族群篇》（花蓮：花
　　蓮縣政府，2005 年初版）。

吳親恩、張振岳《人文花蓮》（花蓮：財團法人花蓮洄瀾文教基
　　金會，1995 年初版）。

吳瀛濤《臺灣民俗》（臺北市：眾文圖書股份有限公司，1994 年
　　一版）。

邱坤良《臺灣劇場與文化變遷》（臺北市：臺原出版社，1997 年
　　一版）。

邱坤良、施如芳、張秀玲、藍素婧、郝譽翔《宜蘭縣口傳文學》
　　上冊（宜蘭：宜蘭縣政府，2002 年初版）。

林松、周宜昌、陳清和主修，張永堂總編纂《新竹縣志》卷七（新
　　竹市：新竹市政府，1997 年初版）。

周星《境界與象徵：橋和民俗》（中國上海：上海文藝出版社，
　　1998 年一版）。

屈萬里《尚書釋義》（臺北市：中華文化出版事業委員會，1956
　　年初版）。

胡志毅《神話與儀式─戲劇的原型闡釋》（中國上海：學林出版
　　社，2001 年一版）。

倪彩霞《道教儀式與戲劇表演形態研究》（中國廣東：廣東高等
　　教育出版社，2005 年一版）。

徐福全《臺灣民間傳統喪葬儀節研究》（作者自印，2001 年初版）。

容世誠《戲曲人類學初探》（臺北市：麥田出版股份有限公司，

1997 初版）。

翁玲玲《麻油雞之外—婦女作月子的種種情事》（臺北板橋：稻鄉出版社，1994 年初版）。

凌翼雲《目連戲與佛教》（中國廣東：廣東高等教育出版社，1998 年一版）。

莊英章、許嘉明、呂理政、莊世瑩、陳慧霞《從喪葬禮俗探討改善喪葬設施之道》（臺北市：行政院研究發展考核委員會，1989 年初版）。

陳信聰《幽冥得度—儀式的戲劇觀點》（臺北市：唐山出版社 2001 年初版）。

陳健銘《野臺鑼鼓》（臺北板橋：稻鄉出版社，1995 年再版）。

陳運棟《臺灣的客家禮俗》（臺北市：臺原出板社，1999 年一版）。

黃文博《跟著香陣走—臺灣藝陣傳奇續卷》（臺北市：臺原出版社，1991 年一版）。

黃文博《閒話人鬼神—臺灣民俗閒話》（臺北市：臺原出版社，1994 年一版）。

黃文博《臺灣人的生死學》（臺北市：常民文化事業股份有限公司，2000 年一版）。

曾永義《論說戲曲》（臺北市：聯經出版事業公司，1997 年初版）。

曾永義《俗文學概論》（臺北市：三民書局股份有限公司，2003 年初版）。

曾景來《臺灣的迷信與陋習》（臺北市：武陵出版有限公司，1998 年初版）。

鈴木清一郎著，馮作民譯《臺灣舊慣習俗信仰》（臺北市：眾文圖書股份有限公司，1989 年一版）。

廖奔、劉彥君《中國戲曲發展史》（中國山西：山西教育出版社，

2003 年一版）。

鄭志明、黃進仕《打貓大士—民雄大士爺祭典科儀探討》（嘉義
　　大林：南華大學宗教文化研究中心，2000 年初版）。

鄭榮興《臺灣客家音樂》（臺中市：晨星出版有限公司，2004 年
　　初版）。

肇明校訂《調腔目連戲咸豐庚申年抄本》（臺北市：財團法人施
　　合鄭民俗文化基金會，1997 年初版）。

蔡相煇、吳永猛合著《臺灣民間信仰》（臺北蘆洲：國立空中大
　　學，2001 年初版）。

劉禎《中國民間目連文化》（中國四川：巴蜀書社，1997 年一版）。

劉禎《民間戲劇與戲曲史學論》（臺北市：國家出版社，2005 年
　　初版）。

潘汝端《北管鼓吹類音樂》（臺北市：國立傳統藝術中心籌備處，
　　2001 年初版）。

賴世豪《溪水啊！靜靜地流—懷念邱錦帶阿婆紀念文集》（作者
　　自印，2001 年初版）。

駱香林主修，苗允豐編纂《花蓮縣志》卷五（花蓮：花蓮縣文獻
　　委員會，1979 年初版）。

謝宗榮《臺灣傳統宗教文化》（臺中市：晨星出版有限公司，2003
　　年初版）。

謝宗榮《臺灣傳統宗教藝術》（臺中市：晨星出版有限公司，2003
　　年初版）。

藏經書院編輯《續藏經》（臺北市：新文豐出版公司，1993 年初
　　版）。

（三）工具書

閔智亭、李養正主編《中國道教大辭典》（臺中市：東久出版公
　　司，1999年初版）。

薛宗明《臺灣音樂辭典》（臺北市：臺灣商務印書館股份有限公
　　司，2003年初版）。

（四）學位論文

邱宜玲《臺灣北部釋教的儀式與音樂》（國立臺灣師範大學音樂
　　學研究所碩士論文，1995年）。

林怡吟《臺灣北部釋教儀式之南曲研究》（國立臺北藝術大學音
　　樂學系研究所碩士論文，2003年）。

許瑞坤《臺灣北部天師正乙派道教齋醮科儀唱曲之研究》（國立
　　臺灣師範大學音樂學研究所碩士論文，1987年）。

許鈺佩《道教儀式放赦之音樂研究》（國立臺灣師範大學音樂學
　　研究所碩士論文，1998年）。

張譽薰《道教「午夜」拔渡儀式之研究—以高雄縣大寮鄉西公曆
　　道士團為例》（南華大學生死學系研究所碩士論文，2003
　　年）。

黃進仕《臺灣民間「普渡」儀式研究》（南華大學哲學研究所碩
　　士論文，2000年）。

（五）單篇論文

王天麟〈桃園縣楊梅鎮顯瑞壇拔渡齋儀中的目連戲「打血盆」〉，
　　收錄於《民俗曲藝》第八十六期，頁51-70（臺北市：財團
　　法人施合鄭民俗文化基金會，1993年）。

王兆乾〈儀式性戲劇與觀賞性戲劇〉，收錄於《民俗曲藝》第一

百三十期，頁 143-168（臺北市：財團法人施合鄭民俗文化基金會，2001 年）。

王馗〈香花佛事—廣東省梅州市的民間超度儀式〉，收錄於《民俗曲藝》第一百三十四期，頁 139-214（臺北市：財團法人施合鄭民俗文化基金會，2001 年）。

朱俐〈法事戲目連救母的精神內涵與演出形式〉，收錄於《藝術學報》第六十五期，頁 99-120（臺北板橋：國立臺灣藝術學院，1999 年）。

李豐楙〈臺灣中南部道教拔度儀中目連戲、曲初探〉，收錄於《民俗曲藝》第七十七期，頁 89-147（臺北市：財團法人施合鄭民俗文化基金會，1992 年）。

李豐楙〈複合與變革：臺灣道教拔渡儀中的目連戲〉，收錄於《民俗曲藝》第九十四、九十五期合訂本，頁 83-116（臺北市：財團法人施合鄭民俗文化基金會，1995 年）。

李豐楙〈道教齋儀與喪葬禮俗複合的魂魄觀〉，收錄於李豐楙、朱榮貴主編《儀式、廟會與社區—道教、民間信仰與民間文化》，頁 459-483（臺北市：中央研究院中國文哲研究所籌備處，1996 年初版）。

吳秀玲〈泉州打城戲初探〉，收錄於《民俗曲藝》第一百三十九期，頁 221-249（臺北市：財團法人施合鄭民俗文化基金會，2003 年）。

林茂賢〈臺灣的牽亡歌陣〉，收錄於曾永義、沈冬主編《兩岸小戲學術研討會論文集》，頁 111-131（臺北市：國立傳統藝術中心籌備處，2001 年初版）。

房學嘉〈梅州的覡公、香花佛事及其科儀〉，收錄於鄭志明主編《道教文化的傳播》，頁 143-174（嘉義大林：南華大學宗教

文化研究中心，2001年）。

許麗玲〈臺灣北部紅頭法師法場補運儀式〉，收錄於《民俗曲藝》第一百零五期，頁 1-146（臺北市：財團法人施合鄭民俗文化基金會，1997年）。

葉明生〈巫道祭壇上的奇葩—道士戲〉，收錄於《民俗曲藝》第七十期，頁 217-233（臺北市：財團法人施合鄭民俗文化基金會，1991年）。

葉明生〈儀式與戲劇—民俗學的考察〉，收錄於《民俗曲藝》第一百二十九期，頁 237-271（臺北市：財團法人施合鄭民俗文化基金會，2001年）。

薛若鄰〈目連戲〉，收錄於王秋桂主編《中國地方戲曲叢談》，頁 7-32（新竹市：國立清華大學人文社會學院思想文化史研究室，1995年）。

Victor Turner & Edith Turner 原著，劉肖洵譯〈朝聖：一個「類中介性」的儀式現象〉，收錄於《大陸雜誌》第六十六卷第二期，頁 1-19（臺北市：大陸雜誌編輯委員會，1983年）。

國家圖書館出版品預行編目資料

臺灣的喪葬法事—以花蓮縣閩南釋教系統之冥路法事
為例／楊士賢著. -- 初版. -- 臺北市：蘭臺, 2006[民 95]
　　面；　公分. -- （臺灣鄉土與宗教研究叢刊；第 1 輯）
參考書目：面

ISBN 978-986-7626-40-0（平裝）

1.喪禮 – 臺灣　2.佛教 – 儀式

538.68232　　　　　　　　　　　　　　　　95022365

TR003
臺灣鄉土與宗教叢刊　第一輯

臺灣的喪葬法事
——以花蓮縣閩南釋教系統之冥路法事為例

總　編　輯：李世偉、郝冠儒
作　　　者：楊士賢
發　行　人：盧瑞琴
出　版　者：蘭臺出版社
地　　　址：台北市中正區開封街一段 20 號 4 樓
電　　　話：(02)2331-1675　傳真：(02)2382-6225
編　　　輯：張加君
美　　　編：赤邑生
總　經　銷：蘭臺網路出版商務股份有限公司　劃撥帳號：18995335
網 路 書 店：http://www.5w.com.tw　E-Mail：lt5w.lu@msa.hinet.net
網 路 書 店：博客來網路書店　http://www.books.com.tw
網 路 書 店：中美書街　http://chung-mei.biz
香港總代理：香港聯合零售有限公司
地　　　址：香港新界大浦汀麗路 36 號中華商務印刷大樓
　　　　　　C&C　Building, 36, Ting　Lai　Road, Tai Po,New Territories
電　　　話：(852)2150-2100　　傳真：(852)2356-0735
出 版 日 期：2006 年 11 月初版
定　　　價：新臺幣 500 元整

ISBN-13：978-986-7626-40-0
ISBN-10：986-7626-40-0